GÄRTNERMAHL

säen | ernten | kochen

GÄRTNERMAHL

säen | ernten | kochen

Nadja Buchczik & Anton Enns

EMF

EIN BUCH DER
EDITION MICHAEL FISCHER

DER START INS GÄRTNERLEBEN

FRISCH AUS DEM TOPF

Vorwort

Ein leckeres Pesto aus frischen Kräutern, ein Carpaccio aus Kohlrabi oder erfrischendes Eis aus aromatischen Beeren – sicher ist: Frisch geerntet schmecken Kräuter, Gemüse und Obst am allerbesten.

Es ist kein Geheimnis, dass auch inmitten der Stadt ohne großen Garten der Traum von der eigenen Ernte wahr werden kann. Selbst der kleinste Raum auf Balkon, Terrasse oder Hinterhof lässt sich in eine grüne Oase verwandeln und belohnt die Gärtnermühen mit frischen Leckereien. Zwar wird man als Topfgärtner nicht alles selbst anbauen können, doch Kräuter spontan zu ernten und den Zucchini beim Wachsen zuzusehen bereitet große Freude.

Kochen kann genau wie gärtnern entspannend wirken, viel Spaß bereiten und Menschen zusammenführen. Ausgewählte Zutaten und hausgemachte Mahlzeiten gehören für uns zum kulinarischen Genuss des Alltags. *Gärtnermahl* verbindet diese Leidenschaft zum Gärtnern mit der Hingabe für gutes Essen.

Ihr findet in diesem Buch jede Menge Tipps und Tricks rund um das Topfgärtnern mit Nutzpflanzen. Empfehlungen für die Wahl von Saatgut und Pflanzen, übersichtliche Porträts mit Hinweisen zu den jeweiligen Eigenschaften und Bedürfnissen der Pflanzen, Infos zur Pflege und Gesundheit sowie Anregungen für den Anbau mit natürlichen Mitteln geben Antworten auf viele Fragen, die euch möglicherweise im Laufe der Zeit begegnen.

Mit raffinierten Rezepten und nur wenigen Handgriffen lässt sich aus eurer eigenen Ernte dann ein köstlicher Gaumenschmaus zaubern. Originelle Snacks, vegetarische Köstlichkeiten, verführerische Desserts – für jeden Genießer ist bestimmt das passende Gärtnermahl dabei. Die Rezepte reichen von kaltem Gurkensüppchen mit Buttermilchschnee, pikantem Paprika-Relish mit gegrilltem Steak über herzhafte Zucchiniwaffeln mit Kräuterquark bis hin zu süßer Beeren-Mousse mit Schokoladen-Crumble. Und wenn am Wochenende mehr Zeit zum Kochen bleibt, könnt ihr mithilfe der Grundrezepte z. B. eigene Hamburgerbrötchen oder frische Pasta herstellen.

Mal geht der Teig nicht auf, mal das zarte Pflänzchen ein. Für das Gelingen des Brots oder die erfolgreiche Anzucht der Tomaten können wir kein Patentrezept geben. Kleine Niederlagen gehören einfach dazu. Dann heißt es neuen Mut schöpfen und dem Ganzen eine zweite Chance geben. Nach Thomas Cooper ist „ein Garten (...) nie so gut, wie er im nächsten Jahr sein wird". Das gilt auch in der Küche – denn es sind die eigenen Erfahrungen, die uns Zusammenhänge besser verstehen lassen. Die Leidenschaft zum Gärtnern und zum Kochen ist auch die Freude am Ausprobieren.

Viel Vergnügen beim Säen, Ernten und Kochen wünschen euch

Nadja & Anton

Der Start ins Gärtnerleben

Ein chinesisches Sprichwort sagt: „Das Leben beginnt mit dem Tag, an dem man einen Garten anlegt." Oder eben dann, wenn in Töpfe und Kästen auf Balkon, Terrasse oder Hinterhof die eigenen Kräuter und Gemüsepflanzen einziehen. Dieses Kapitel zeigt Tipps und Tricks für einen gelungenen Start in ein genussvolles Gärtnerleben.

Saisonauftakt

GUTE PLANUNG IST DIE HALBE ERNTE

PLATZ DA!

Wer mitten in der Stadt lebt, hat oft nicht das Glück, einen eigenen Garten zu besitzen. Für den Anbau von knackigem Gemüse, aromatischen Kräutern und süßen Früchten braucht man jedoch kein großes Gemüsebeet. Viele Pflanzen lassen sich in Gefäßen auf dem Fensterbrett, in einer Ecke des Hinterhofs oder auf Balkon und Terrasse kultivieren. Vielleicht ist es auch die Bäckerkiste im Gemeinschaftsgarten, in die ihr eure Radieschen pflanzen möchtet. Das Prinzip eines Topfgartens funktioniert überall gleich und bietet sogar im Garten einige Vorteile. Wer seinen Platz zum Gärtnern gefunden hat, sollte ihn genauer unter die Lupe nehmen.

Wie viel Platz für Tisch und Stühle oder eine Hängematte sowie Pflanzen und Gefäße tatsächlich vorhanden ist, zeigt sich, wenn man einmal Maß nimmt. Um passende Möbel zu finden und die Möglichkeiten des eigenen Anbaus einzuschätzen, kann ein Plan helfen. Mit dem Zollstock ist schnell ermittelt, wie groß die Grundfläche ist, wie viele Meter Geländer zur Verfügung stehen, um Balkonkästen sicher aufzuhängen, und wo sich der optimale Platz für die Sitzecke befindet. Liegt der Balkon an der Küche, platziert man einen Topf mit Kräutern vielleicht in der Nähe der Tür, um sie bei jedem Wetter trockenen Fußes ernten zu können. Anhand der erstellten Skizze kann man auch die Bepflanzung und Positionierung der Gefäße ein wenig planen.

Weitere Stellflächen auf kleinem Raum lassen sich mit Podesten schaffen. Ob selbst gebaute Regale aus Weinkisten, kleine Hocker oder ausrangierte Schränkchen: Verschiedene Ebenen tragen optisch zur Gestaltung bei und bieten den Pflanzen mehr Licht als auf dem Boden. An den Wänden könnt ihr Töpfe aufhängen oder vertikale Gefäße befestigen. Diese Lösungen bringen zusätzliche Pflanzfläche, jedoch spricht man seine Pläne am besten vorher mit dem Vermieter ab.

So glücklich der Geschmack der eigenen Ernte macht, so unglücklich wird man, wenn der Platz zum Sitzen schwindet. Die Himbeere wächst einem über den Kopf und die Blätter der Zucchini lassen einen keinen Fuß mehr auf die Erde bekommen. Die verschiedenen Wuchshöhen und -arten sollten bei der Planung nicht außer Acht gelassen werden. Schließlich ist Platz auf dem Balkon die wichtigste Ressource.

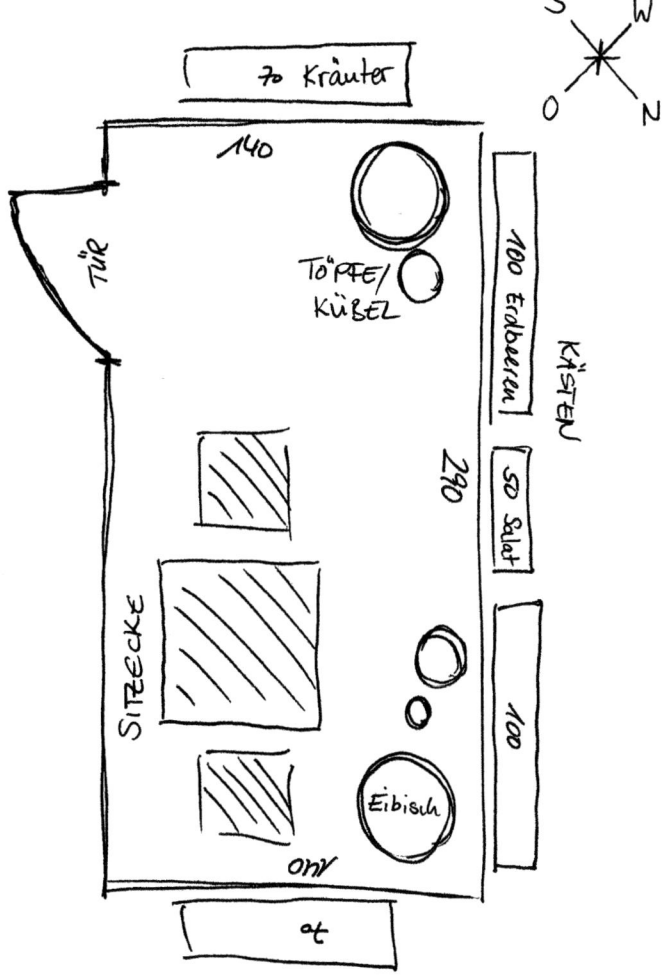

◄ Auch auf dem Balkon können solche Bäckerkisten als Hochbeet genutzt werden. Alternativ könnt ihr auch Klappkisten verwenden.

▲ Eine Skizze, in der Pflanzgefäße, die geplante Sitzecke sowie Besonderheiten und der Sonnenverlauf eingezeichnet sind, hilft, die Bepflanzung zu planen.

Die sonnige Fensterbank ist ein Ort zum Gärtnern im Kleinen. Sprossen und Keime gedeihen hier auf Watte sogar im Winter.

TRÄUME UND MÖGLICHKEITEN

Nicht allein die Größe des Balkons entscheidet über die Möglichkeiten des Anbaus; es sind vor allem auch die Lichtverhältnisse, die sich dort bieten. Zunächst zeigt die jeweilige Himmelsrichtung, wie viel Licht den Standort erreichen wird. Zum anderen kann es das Haus gegenüber oder die hohe Tanne sein, die ihn stark beschattet. Den Sonnenverlauf auf Balkon oder Terrasse solltet ihr zu den verschiedenen Tages- und Jahreszeiten genau beobachten, um einschätzen zu können, ob die Pflanzen an einem schattigen, halbschattigen oder sonnigen Ort wachsen werden.

Ein entscheidender Schritt zum gärtnerischen Erfolg ist eine standortbezogene Auswahl geeigneter Pflanzen. An einem Ort, der ihren Bedürfnissen entspricht, können sich Pflanzen kräftig und gesund entwickeln. Solche, die sich in der Sonne wohlfühlen, stellt man besser nicht an einen schattigen Platz. Genauso wenig werden Schatten liebende Pflanzen gut an einer Stelle in der vollen Sonne gedeihen. Beim Kauf sollte man die Hinweise auf dem Stecketikett unbedingt beachten.

Auch Wind spielt beim Balkon- und Topfgärtnern eine große Rolle. Nicht nur warme Temperaturen lassen die Erde in den Töpfen schnell austrocknen, der Wind tut es auch. Ein Segel oder eine entsprechende Bepflanzung kann als Windschutz dienen und sich an sehr luftigen Orten lohnen. Er kann darüber hinaus helfen, großblättrige Pflanzen, deren Blätter von starkem Wind schnell in Mitleidenschaft gezogen werden, vor Schäden zu bewahren.

LIEBES TAGEBUCH ...

Stecketiketten sehen im Kübel nicht hübsch aus. Um die wichtigen Hinweise jedoch nicht zu verlieren, kann man sich in einem Gartentagebuch kleine Notizen machen. Name und botanische Bezeichnung sowie Infos zu den Besonderheiten der neuen Lieblingspflanze sind hier gut aufgehoben. Auch bei der eigenen Anzucht ist es sinnvoll, sich ein paar Notizen zu machen. Einträge zu Temperatur und Niederschlag während des Sommers können ebenfalls gemacht werden und rückblickend erklären, warum die Ernte in der einen Saison größer ausgefallen ist als in der anderen.

Das Stecketikett verrät, welche Standortansprüche und speziellen Pflegebedürfnisse die Pflanze hat.

Natürliches Versteck: Vor neugierigen Blicken der Nachbarn schützt dieser
hübsche Sichtschutz aus Feuerbohnen.

HIMMLISCHE BALKONE

Nordbalkon – erfrischend kühl!

An heißen Sommertagen herrschen an diesem schattigen Platz trotz großer Hitze angenehme Temperaturen.
Wenn der Balkon tagsüber zumindest von ein paar Son-
nenstrahlen erreicht wird, lassen sich Pflanzen finden,
denen das Licht zum Wachsen genügt. Da das Wasser
im Schatten langsamer verdunstet, muss hier meist
weniger gegossen werden. Vor dem Wässern mit dem
Finger prüfen, ob die Erde noch ausreichend feucht ist.

Geeignete Pflanzen: z. B. Schnittlauch, Bärlauch, Salat,
Waldmeister, Walderdbeeren

Ost- oder Westbalkon – gut gelegen!

Als halbschattig werden Standorte bezeichnet, die sich
etwa sechs Stunden am Tag in der Sonne befinden, den
restlichen Tag über aber im Schatten liegen. Häufig sind
es Balkone an der Ost- oder Westseite eines Hauses,
die mit diesen Lichtverhältnissen vielen Pflanzen ein
optimales Zuhause bieten.

Geeignete Pflanzen: z. B. Minze, Zitronenmelisse, Petersilie, Mangold, Kapuzinerkresse, Katzenminze

Südbalkon – Sonne satt!

Im Hochsommer wird hier unter extremen Bedingungen
gegärtnert. Auf Dachterrassen oder nach Süden hin aus-
gerichteten Balkonen sind die Pflanzen oft völlig unge-
schützt der Sonne ausgesetzt. Regelmäßiges Gießen ist
hier besonders wichtig. Ein Segel schützt die Pflanzen
vor direkter Sonne.

Geeignete Pflanzen: z. B. Minze, Rosmarin, Thymian,
Salbei, Tomate, Lavendel, Obstgehölze

Die Hardware

Qualität zahlt sich aus! Das gilt bei der Wahl der Handwerkzeuge und Pflanzgefäße genauso wie für die Erde, in der die Pflanzen wachsen sollen. Auf den folgenden Seiten erfahrt ihr, was man bei der Anschaffung beachten sollte und wovon man besser die Finger lässt.

Estrichgitter sind günstig im Baumarkt erhältlich und können als Rankhilfe für Pflanzen oder als Aufhängemöglichkeit für Utensilien genutzt werden.

Ganz schön praktisch

WERKZEUGE UND PFLANZGEFÄSSE

HANDLICH, NÜTZLICH, GUT: DIE ARBEITSGERÄTE

Um als Balkongärtner den ersten „Spatenstich" zu setzen, bedarf es nicht vieler und schon gar nicht großer Gartenwerkzeuge. Investiert man in eine sorgfältig ausgesuchte Grundausstattung, steht sie einem nicht nur in einer Saison treu zur Seite. Sicher lässt sich das ein oder andere Teil auf dem Flohmarkt finden, sodass auch die Investitionen für den Start überschaubar bleiben.

Die Materialien sind bei der Wahl der Gerätschaften etwas Geschmackssache: Eine verzinkte Gießkanne sieht hübsch aus, ist aber vom Eigengewicht schwerer als eine aus Kunststoff. Mit zehn Litern Fassungsvermögen und der Aussicht, über den

Sommer einige Kannen voll Wasser auf den Balkon tragen zu müssen, kann das Material ein ausschlaggebendes Kriterium sein. Viel entscheidender ist jedoch ein abnehmbarer Brausekopf. Die Blätter der Pflanzen sollten beim Gießen möglichst wenig nass werden – das gelingt ohne Aufsatz meist besser.

Vor dem Kauf einer Handschaufel und Gartenschere gilt es, die Verarbeitung genau zu prüfen. Die Blätter sollten fest mit stabilen Griffen verbunden und „rostfrei" sein, sonst währt die Freude daran nicht lang. Das Wichtigste an einer Gartenschere sind ihre scharfen Klingen. Stumpfe Klingen quetschen mehr, als dass sie schneiden, was Pflanzenteile verletzen und Pilzbefall an den entstandenen Wunden begünstigen kann.

Fingerspitzengefühl: Handschuhe schützen vor Nässe und Dornen. Doch Erde unter den Fingernägeln kann auch für ein glückseliges Gefühl sorgen.

Kohlrabi aus der Dose? Das „Dosenfutter", das hier heranwächst, schmeckt frisch und knackig.

Nach der Benutzung sollten die Werkzeuge gut gereinigt werden. Um sie von anhaftender, feuchter Erde zu befreien, reicht es aus, sie mit einem Handbesen abzufegen. Habt ihr kranke Pflanzen beschnitten, empfiehlt es sich, die Klingen der Schere mit Alkohol zu desinfizieren. So übertragen sich die Krankheiten bei der weiteren Benutzung nicht auf die gesunden Pflanzen.

Zu einigen klassischen Utensilien lassen sich sogar kostenlose Alternativen finden. Um die Sämlinge eurer Anzucht zu vereinzeln, könnt ihr z. B. anstelle eines Pikierstabs ein asiatisches Essstäbchen aus Bambus verwenden. Als Ersatz für einen Handrechen dient bei mir eine alte Gabel. Gerne stecke ich sie in einen der Kübel, damit sie zum Lockern der Erde oder Zusammenkehren trockener Blätter in den Töpfen immer gleich griffbereit ist.

Stabile Stäbe sowie ein paar Meter Schnur sollten sich ebenfalls in Reichweite befinden. Stürmt es oder werden Blüten und Früchte zu schwer, müssen die Pflanzen gestützt und angebunden werden, damit die Zweige nicht abknicken. Im Bau-

markt sind Bambus- und Metallstäbe erhältlich, die sich als Rankhilfe oder Stützen gut eignen. Auch Zweige von Weide oder Haselnuss könnt ihr verwenden.

Etwas Zeitungspapier als Unterlage für das Bepflanzen der Töpfe, ein Tuch zum Abtrocknen und Säubern der Hände und eine Holzkiste, um Pflanzen gesammelt von A nach B stellen zu können, erweisen sich als zusätzliche praktische Helfer.

DOSEN, KÄSTEN, TÖPFE: DIE PFLANZGEFÄSSE

Vielzählige Möglichkeiten tun sich auf, überlegt man, welche Gefäße auf Balkon, Terrasse oder Hinterhof den Pflanzen ein Zuhause geben könnten. Auch im Garten kann diese Art zu gärtnern durchaus attraktiv sein: Topfgärten bleiben mobil und man kann den Pflanzen die Bodenverhältnisse bieten, die sie benötigen. Sicher spielt bei der Gefäßwahl der vorhandene Platz eine genauso große Rolle wie der persönliche Geschmack. Doch ob bunt oder dezent, rund oder eckig: Beim Aussuchen der Gefäße sollten die Bedürfnisse der Pflanzen immer über den Vorlieben des Gärtners stehen.

Frühwarnsystem: Wir haben Durst! Der Wasserstandsanzeiger verrät, wann der Vorrat im Speicher zur Neige geht.

Das austretende Wasser und die Witterung lassen die Dosen rosten. Um Tische und Böden zu schonen, stellt man am besten eine Schale darunter.

Die Wahl der Gefäße richtet sich nach dem Wuchs, der Wurzeltiefe und dem Bedarf an Nährstoffen der Lieblingspflanzen. Rote Bete oder Möhren benötigen z. B. ausreichend Beinfreiheit von mindestens 40 cm. Radieschen und Salat kommen hingegen mit 15 bis 20 cm Erde aus. Sie sind daher auch in flacheren Töpfen oder Balkonkästen gut aufgehoben. Hohe, ausladend wachsende Pflanzen bringt man für einen sicheren Stand am besten in einem größeren Gefäß unter.

KLASSIKER UND INDIVIDUALISTEN

Balkonkästen für das Geländer gibt es in verschiedenen Größen, Farben und Formen, sodass wohl jeder Gärtner zu seinem Kasten findet. Es lohnt sich, in Kästen mit einem Wasserspeicher und größerem Fassungsvermögen zu investieren. Diese sind zwar etwas teurer, zahlen sich aber für den Gärtner und seine Pflanzen aus. Über den integrierten Speicher werden die Pflanzen mit Wasser versorgt, sodass der Gärtner weniger gießen muss, ohne dass die Pflanzen in trockener Erde leiden. Pflücksalate und Erdbeeren sind je nach Witterung bis zu einer Woche mit Wasser aus dem Speicher versorgt.

Nostalgische Blechdosen sind für einen Küchenbalkon eine der schönsten Möglichkeiten, Kräuter und Gemüse anzubauen. Das Sortiment in türkischen oder griechischen Läden bietet schön bedruckte Olivendosen. Kleinere Öl-, Tee- oder Gewürzdosen kann man im Supermarkt aufstöbern. Passend präpariert, fühlen sich Pflanzen in Dosen rundum wohl: Etwa daumenbreit vom unteren Rand entfernt sticht man mit Hammer und Nagel Löcher in die Seitenwände. Bevor die Dose mit Erde aufgefüllt wird, gibt man Kies als Drainageschicht hinein. Diese Füllung sollte bis etwa 1 cm über die Lochlinie reichen. Später kann sich hier überschüssiges Gießwasser sammeln und abfließen.

Egal, für welches Gefäß man sich entscheidet, es muss dafür gesorgt sein, dass Wasser gut ablaufen kann. Bleibt es im Topf eingeschlossen, bildet sich Staunässe, die Wurzeln fangen an zu faulen und der Ernte wird der Garaus gemacht. Aus größeren Gefäßen kann Wasser besser ablaufen, wenn man sie z. B. auf zwei Holzlatten stellt. Beachtet man diese Grundregeln, können individuelle und besondere Gefäße in ein schönes Zuhause für die Pflanzen verwandelt werden.

Paletten lassen sich zu vertikalen Pflanzgefäßen umbauen. Anleitungen für diese Platz sparende Lösung gibt es im Internet.

Die Kapuzinerkresse in diesem „Hanging Basket" mit Kokosmatte muss regelmäßig gegossen werden, da das Wasser schlecht gehalten wird.

PFLANZEN SUCHEN EIN ZUHAUSE

Terrakottatöpfe

Die Töpfe aus gebranntem Ton sind echte Klassiker unter den Gefäßen, und das aus gutem Grund: Den Pflanzen bieten sie mit ihrer durchlässigen Oberfläche ein angenehmes Klima an den Wurzeln. Durch kalkhaltiges Gießwasser entsteht mit der Zeit auf der Außenseite eine Patina. Wem diese Kalkränder nicht gefallen, kann ihnen mit verdünnter Essigessenz oder Zitronensäure zu Leibe rücken.

Säcke und Taschen

Kartoffeln lassen sich gut in großen Säcken anbauen. Die Lieblingssorte lässt man keimen und pflanzt sie dann in den mit Erde gefüllten Sack. Wenn die Blätter welken, kann geerntet werden. Es eignen sich Reissäcke, reißfeste Taschen (z. B. die des schwedischen Möbelhauses) oder gar der Sack der Pflanzenerde. Wurzeln mögen es dunkel – daher Finger weg von transparenten Tüten!

Küchenutensilien

Alte Milchkannen, Nudelsiebe, Kellen oder Kaffeefilter aus Porzellan lassen sich im Handumdrehen in Pflanzgefäße verwandeln. Haben sie nicht von „Natur aus" Löcher, aus denen Gießwasser abfließen kann, muss man sie mit solchen präparieren.

Holzkisten

Wein- oder Champagnerkisten eignen sich ausgezeichnet z. B. zum Anbau von Radieschen. Um sie wetterfest zu machen, sollte man die Kisten ölen. Ein Lack würde die Oberfläche verschließen, sodass die Wurzeln schlechter mit Sauerstoff versorgt werden.

Sportutensilien

Mit Abflusslöchern ausgestattete Fußbälle oder Schuhe können ebenfalls bepflanzt werden.

Bio-Erden enthalten unbehandelte Holzfasern und rein organische Dünger,
sind aber nicht grundsätzlich torffrei.

Pflanzen in ihrem Element

DIE PASSENDE ERDE

NÄHRSTOFFE FÜR GESUNDES WACHSTUM

Balkongärtner eint ein schweres Schicksal: Um alle Gefäße zu befüllen, muss säckeweise Erde oft hoch hinauf geschleppt werden. Die wichtigste Hardware scheint da die eigene Muskulatur. Spinat auf dem Anbau- bzw. Speiseplan kann für den nötigen „Popeye-Effekt" sorgen. Doch wie viel Erde braucht man und welche ist die richtige?

Etwas Orientierung zur benötigten Menge bieten die Angaben zum Volumen auf den Töpfen und Kästen. Vor der Fahrt in das Gartencenter lohnt es sich, einen Blick darauf zu werfen, um die erforderliche Menge zu kalkulieren. Hat man für den 20 Liter fassenden Topf dieselbe Menge Erde gekauft, wird man feststellen, dass das Gefäß oft nicht voll wird. Ist die lockere Erde leicht angedrückt und gewässert, muss nachgefüllt werden. Es ist also mehr Erde nötig, als es auf den ersten Blick scheint.

Wie der Mensch benötigen auch Pflanzen für ein gesundes Leben und Wachstum ein ausgewogenes Nährstoffverhältnis. Eine Standarderde ist für das Gärtnern in Töpfen ausreichend und bietet den Pflanzen bereits eine gute Nährstoffbasis. Das Besondere am Topfgärtnern allerdings ist, dass die Nährstoffe nur in einer begrenzten Menge zur Verfügung stehen. Anders als im Beet können die Pflanzen ihre Wurzeln im Topf nicht in tiefere Schichten ausstrecken, wenn die Nährstoffe knapper werden. Es ist daher wichtig, sie zusätzlich zu versorgen.

Organisch düngen: Bei Horndüngern, wie diesen Hornspänen, handelt es sich um geraspelte Hufe und Hörner von Schlachtvieh.

Optimal ist eine Erde oder, wie der Profigärtner sagt, ein Substrat, das die Feuchtigkeit speichert, aber trotzdem durchlässig ist. Die Wurzeln wollen gut mit Wasser versorgt werden, doch gleichzeitig auch atmen können. Damit die Erde beim häufigen Gießen über den Sommer nicht verschlammt, sind in Blumenerde strukturgebende Stoffe enthalten, die für gute Durchlüftung sorgen.

Aufdrucke wie „bio" oder „torffrei" bewerben im Gartencenter die Charaktereigenschaften des Erdensortiments. Das Preisspektrum ist groß, die Ratlosigkeit auch. Ob man sich für biologische oder konventionelle Erde entscheidet, ist Sache der eigenen Überzeugung. Man sollte jedoch darauf achten, dass die Erde torffrei ist. Zwar sorgt Torf dafür, dass das Substrat eine gute Durchlässigkeit aufweist, der Abbau der Moore zur Torfgewinnung ist aus ökologischer Sicht allerdings ein absolutes Tabu. Hier gibt es gute Alternativen (siehe Kasten auf dieser Seite), sodass man durch den Verzicht auf Torf einen entscheidenden Beitrag zum Erhalt der Moorlandschaften und dadurch zum Tier- und Klimaschutz leisten kann.

DIE RICHTIGE MISCHUNG MACHT´S

Standarderde plus …
Am besten serviert man seinen Pflanzen einen selbst zubereiteten „Erdcocktail". Dafür mischt ihr in einer großen Wanne zwei Teile einer Standarderde mit einem Teil Kompost und einem Teil Rindenhumus. Die beiden Komponenten erhöhen das Nährstoffangebot und sorgen mit einer durchlässigen Struktur dafür, dass die Pflanzen im Topf gut versorgt sind.

Kompost
Der aus Grünabfällen gewonnene Kompost ist ein hervorragender Lieferant für Kalium und Phosphor. Diese Nährelemente machen die Pflanzen widerstandsfähiger gegenüber Krankheiten und sorgen für kräftiges Wurzelwachstum. Beziehen kann man ihn über die städtischen Kompostwerke. Oder vielleicht hat ja euer sympathischer Nachbar etwas Gartenkompost übrig?

Rindenhumus
Rindenhumus sollte nicht mit seinem gröberen Bruder Rindenmulch verwechselt werden. Der Humus ist ein nachwachsender Rohstoff, der als Nebenprodukt der Holzverarbeitung entsteht. Oft ist er im Gartencenter nur in großen Mengen erhältlich, sodass alternativ Blähton, Tongranulat oder Kokosfaser verwendet werden kann, um für eine gute Durchlässigkeit zu sorgen.

Langzeitdünger
Den „Cocktail" verfeinere ich gerne mit einer Handvoll Hornspänen. Die Pflanzen werden so mit einem organischen Langzeitdünger versorgt, der für ausreichend Stickstoff im Boden und dadurch für gutes Wachstum der Pflanzen sorgt. Je feiner das Horn gemahlen wurde – ob zu Mehl, Grieß oder Spänen –, desto schneller entfaltet der Dünger seine Wirkung. Bei Hornspänen ist das nach zwei bis drei Monaten der Fall, genau dann also, wenn Düngen notwendig wird (siehe Seite 46).

Die Bepflanzung mag zunächst recht spärlich erscheinen. Sobald die Pflanzen aber größer werden, füllen sie die Gefäße schön aus.

Husch, husch ins Töpfchen

GEFÄSSE BEPFLANZEN

Für den Einzug ins neue Heim löst ihr die Pflanzen vorsichtig aus den Plastiktöpfen und stellt sie in eine mit Wasser befüllte Schale. In der neuen Erde können sie besser einwachsen, wenn sich ihr Wurzelballen zuvor gut mit Wasser vollgesogen hat.

Währenddessen bedeckt ihr die Abflusslöcher im Boden der Töpfe mit einer nach oben gewölbten Tonscherbe; sie verhindert, dass die Erde beim Gießen ausgespült wird. Anschließend füllt ihr das Gefäß mit einer Schicht Erde auf und drückt sie ein wenig an. Ehe die Pflanzen nun in das Gefäß gesetzt werden, sollte ihr Wurzelballen etwas gelockert werden.

Beim Einpflanzen ist darauf zu achten, dass ihr die Pflanzen nicht tiefer setzt, als sie vorher aus der Erde geschaut haben. Gurken und Tomaten könnt ihr für einen besseren Stand ein wenig tiefer pflanzen, sie bilden an den Stängeln neue Wurzeln aus. Zudem sollte der Wurzelballen etwa 2 cm unterhalb der Gefäßkante sitzen. Dieser Rand verhindert, dass später das Wasser beim Gießen direkt überläuft.

Alle Hohlräume rund um den Wurzelballen füllt ihr jetzt mit Erde auf und drückt sie leicht an. Damit sich die Wurzeln mit der Erde verbinden, wird zum Schluss kräftig gegossen.

◀ „Salat muss im Wind flattern" heißt es. Damit seine Blätter nicht faulen, darf er nicht zu tief gepflanzt werden.

Die Pflanzen

Aus Klein wird Groß – vom Säen bis zur Ernte ist es ein langer Weg.
Dieses Kapitel zeigt, warum sich die eigene Anzucht lohnt, vorgezogene
Jungpflanzen eine gute Alternative sein können und worauf beim
Kauf von Pflanzen generell geachtet werden sollte.

Auf dem Wochenmarkt bieten Gärtnereien häufig eine Vielzahl kräftig
gewachsener Kräuter an. Da fällt die Wahl schwer.

Am liebsten alle!

DIE QUAL DER PFLANZENWAHL

TAKTISCHE SCHACHZÜGE

Petersilie, Zitronenverbene, Paprika, Veilchen, Borretsch ... Die
Wunschliste ist lang, der Platz begrenzt. Mit ein wenig strate-
gischer Planung lassen sich auf kleinem Raum mehr Pflanzen
unterbringen als gedacht. Geschickt kombiniert, entpuppt sich
so mancher Topf als Raumwunder und die hübsche Blume als
guter Nachbar des Gemüses.

Viele Kräuter, Salate, Wurzelgemüse und Hülsenfrüchte lassen
sich unkompliziert auf dem Balkon anbauen und sind für den
Einstieg ins Gärtnern zu empfehlen. Kräuter eignen sich hervorragend für den Anbau in Balkonkasten, sodass sie auf jedem
noch so kleinen Fensterbrett einen Platz finden können.

Zu den Klassikern des Balkongemüses gehören Pflücksalate
und Radieschen. Denn nach der Direktaussaat im Freien sind sie
bereits nach wenigen Wochen groß genug für die Ernte. Gibt
man Rote Bete einen ausreichend großen Topf, gedeihen auch
sie recht unproblematisch im Kübel. Topfgärtner greifen beim
Anbau von Hülsenfrüchten gerne zu Buschbohnen, die durch ihren kompakten Wuchs wenig Platz beanspruchen.

Etwas mehr Platz und Pflege benötigen hingegen Kürbisse, zu
deren Unterart auch die Zucchini zählt. Mini-Patissons sind
Sommerkürbisse und bilden kleine Kürbisse von etwa 15 cm
Durchmesser aus. Allerdings benötigen ihre Pflanzen genau wie
die der Zucchini etwa einen halben Quadratmeter Platz.

Seite an Seite: Kohlrabi und Wicken teilen sich hier die Olivenöldose und bilden auch optisch ein Dreamteam.

Die eigene Ernte lässt sich ganz unbeschwert genießen; schließlich weiß man, unter welchen Bedingungen die Früchte gewachsen sind.

PARTNERSUCHE

Gemüse- und Zierpflanzen können wunderbar miteinander kombiniert werden. Das Duo aus blühenden Sommerblumen und buntstieligem Mangold bildet z. B. einen schönen Farbklecks im Balkonkasten. Unterpflanzt man höher wachsendes Gemüse wie Paprika mit kleineren Zierpflanzen wie Veilchen, nutzt man den Platz im Topf geschickt aus.

Eine solche Nachbarschaft spart nicht nur Platz, sondern dient mitunter dazu, dass sich die Pflanzen gegenseitig unterstützen. Kapuzinerkresse ist z. B. ein echter Blattlaus-Magnet: Sie lockt die Schädlinge an und kann so empfindlichere Pflanzen wie z. B. Rosen vor ihnen schützen.

Mischt man mehrjährige Pflanzen wie Lavendel und Katzenminze mit einjährigen wie Ringelblume oder Studentenblume, schont das den Geldbeutel und man fängt nicht jedes Jahr bei null an. Die Einjährigen machen am Ende der Saison Platz für Neuentdeckungen im nächsten Frühling, die Mehrjährigen treiben nach der Winterruhe wieder aus und bilden den Grundstock

für die Bepflanzung der Töpfe. Wollt ihr die einjährige Lieblingspflanze nicht mehr missen, erntet ihr die Samen für die Anzucht im nächsten Jahr (siehe Seite 30).

Gut für das Gärtnern in Töpfen eignen sind außerdem „zwergwüchsige" Sorten oder als „balkontauglich" gekennzeichnete Pflanzen. Sie sind für den Anbau in Töpfen besonders geeignet, da sie meist einen weniger voluminösen Wuchs haben. Johannisbeere, Kirsche und Apfel werden als Hochstamm oder Säulen gezogen, sodass unter den Früchten der Obstgehölze noch Platz für Kräuter bleibt.

Einige Obst- und Gemüsesorten sind durch ihre Eigenschaften für den Balkon wie geschaffen. Die Monatserdbeere bildet, wie der Name schon verrät, monatelang aromatische Früchte aus. Mangold und Pflücksalate z. B. sind in der Ernte ebenfalls sehr ergiebig: Schneidet man immer nur die äußeren Blätter ab, wachsen sie nach und können erneut geerntet werden. Auch bei Kräutern wie Schnittlauch und Basilikum wachsen bei regelmäßiger Ernte neue Halme und Blätter nach.

Mit der Wahl der Pflanzen kann man auch Insekten eine Freude machen.
Lavendel beispielsweise lässt jedes Bienenherz höherschlagen.

PFLANZEN AUS ...

... der Gärtnerei

Gärtnereien und Gartencenter bieten viele unterschiedliche Sorten (selbst gezogener) Zier- und Gemüsepflanzen an. Eine kleine Einkaufsliste beugt da einem Kaufrausch vor. Pflanzen mit Bio-Siegel haben ihre Kindheit ohne mineralische Dünger und chemische Pflanzenschutzmittel verbracht, sodass für den Verkauf nur die kräftigsten übrig geblieben sind. Ihr Kauf lohnt sich!

... der Region

Das auf dem Wochenmarkt erhältliche saisonale Angebot von Pflanzen und Setzlingen hat den Vorteil, dass sie in der Region gewachsen und somit an das Klima gewöhnt sind. Viele Importe aus Ländern des Mittelmeerraums haben bei uns häufig schlechtere Chancen zu gedeihen. Tipps vom erfahrenen Gartenprofi am Stand gibt es gratis mit dazu!

... dem Nachbargarten

Stauden werden geteilt oder über Stecklinge vermehrt. Jeder Gärtner hat deshalb von Zeit zu Zeit Pflanzen oder Ableger, die er weitergeben kann. Auf Gleichgesinnte trifft man außerdem bei Pflanzenbörsen. In beiden Fällen gilt: Ohren offen halten!

... dem Onlineshop

Der Kauf bei namhaften Gärtnereien, die einen Onlineshop anbieten, ist eine gute Möglichkeit, Pflanzen zu ergattern, die lokal nicht erhältlich sind. Die Pflanzen werden in der Regel pfleglich für den Postweg verpackt. Vorsicht bei Katalogen mit Bildern, die überladen blühende oder Früchte tragende Pflanzen zeigen – hier trügt oft der Schein. Exoten wie Banane oder Zitrusbäumchen tragen in unserem milden Klima meist nicht so viele Früchte, wie der Katalog „verspricht".

Ausgeizen: Dieser kleine Seitentrieb in der Blattachse muss entfernt werden, damit die Pflanze ihre Energie in die Blütenbildung steckt.

Achtet darauf, dass nur Pflanzen mit solch kräftigen, gesunden Wurzelballen in euren Einkaufskorb wandern.

DRUM PRÜFE, WER SICH BINDET ...

Egal, woher man seine Pflanzen bezieht, kritisch prüfen sollte man sie immer. Zunächst gibt das Stecketikett wichtige Standort- und Pflegehinweise. Dem Wunsch nach einem schattigen, halbschattigen oder sonnigen Standort der Pflanze sollte man durch den Platz auf dem Balkon nachkommen können. Auch lässt sich häufig schon erkennen, ob die Pflegebedürfnisse den eigenen Vorstellungen vom Pflegeaufwand entsprechen.

Wie wichtig bestimmte Standortbedingungen für die Pflanzen sind, machen z. B. Tomaten deutlich. Sie brauchen einen sonnigen und unbedingt überdachten Platz, sonst lassen sie sich vor Kraut- und Braunfäule kaum schützen. Darüber hinaus haben Tomaten einen hohen Nährstoffbedarf, müssen regelmäßig gegossen und ausgegeizt werden. Ihre Pflege nimmt entsprechend Zeit in Anspruch.

Passen die Bedürfnisse der Pflanze und die Gegebenheiten der künftigen Umgebung zusammen, lohnt es sich, genau hinzuschauen: Die Pflanze sollte kräftig gewachsen und die Erde frei von moosigem Belag sein. Beim Betrachten der Blätter sollten sich keine Flecken oder Fraßstellen offenbaren, die auf Krankheiten oder Schädlingsbefall hindeuten.

Hat die Pflanze den oberirdischen Check bestanden, zieht man sie vorsichtig aus ihrem Topf heraus. Es sollte sich ein fester, gut durchwurzelter Ballen zeigen, in dem keine Tiere oder Larven beheimatet sind. Ist um die Wurzeln nur wenig Erde vorhanden, wächst die Pflanze schon sehr lange in dem Topf. Ein Grund, eine andere zu wählen, da sie nur schwer in neuer Erde einwachsen würde. Dieser prüfende Blick hinter die Kulisse ist sehr wichtig, will man nicht in kurzer Zeit enttäuscht vor seinen Zöglingen stehen, weil sie trotz guter Pflege verkümmern.

Die meisten Pflanzen werden in Kunststofftöpfen zum Kauf angeboten, was den Transport nach Hause leicht macht und dem Gärtner ein paar Tage Zeit bis zum Einpflanzen verschafft. Pflanzen vom Nachbarn oder Markt, die nicht in Töpfe gepflanzt worden sind, sollten in ein Gefäß mit Erde gestellt werden, bis sie ihren finalen Platz im Balkonkasten finden.

Bist du groß geworden!

AUSSAAT UND SAMENERNTE

SPANNUNG PUR

Den selbst gesäten Blüh- und Gemüsepflanzen beim Wachsen zuzusehen ist ein Erlebnis, das man sich nicht entgehen lassen sollte. Die eigene Anzucht schont nicht nur den Geldbeutel, sondern bietet darüber hinaus die Chance, Sorten zu ziehen, die nicht als Jungpflanzen im Handel erhältlich sind.

Gemüse wie Paprika oder Radieschen, aber auch Pflanzen mit essbaren Blüten wie Borretsch lassen sich ganz einfach selber ziehen. Das Saatgut ist im Gartencenter oder der Gärtnerei erhältlich. Da die Qualität des Saatguts mitentscheidend über den Erfolg der Aussaat ist, sollte man zu hochwertigem Saatgut aus dem Fachhandel greifen und nicht das günstige aus Drogerie- oder Supermärkten kaufen. Falsch gelagert, wachsen aus den Samen keine oder nur mickrige Pflanzen heran und die Mühe war vergebens.

Vielerorts laden Saatgutbörsen von Kleingartenvereinen oder Transition-Town-Initiativen im Frühjahr zum Tausch von Samen ein. Hier gibt es wertvolle Tipps zu Sorten und Pflanzen, ihren Besonderheiten und Bedürfnissen aus erster Gärtnerhand. Selbst wer kein eigenes Saatgut zum Tauschen hat, kann es gegen eine Spende erwerben. Termine und Informationen findet man im Internet und in der Lokalpresse.

VIELFÄLTIG STATT EINFÄLTIG

Es gibt unzählige Sorten zu entdecken, anzubauen und zu erhalten. Initiativen und Vereine setzen sich für den Erhalt der Sortenvielfalt ein und bieten online ein spannendes Sortiment. Über Jahre hinweg sind samenfeste Sorten durch Kreuzung und Selektion auf ihre Eigenschaften hin gezüchtet worden. Ihr großer Vorteil ist, dass sie Samen ausbilden, die im nächsten Jahr Pflanzen mit denselben Eigenschaften hervorbringen. Die Ernte des eigenen Saatguts bedeutet für den Gärtner die Unabhängigkeit von großen Saatgut-Produzenten.

Liest man auf Samentütchen den Hinweis „F1", hält man eine Hybrid-Züchtung in den Händen. Der Unterschied zu samenfesten Sorten ist, dass aus Hybriden kein Saatgut gewonnen werden kann, aus dem sich in der nächsten Generation (F2) Pflanzen mit gleichen Eigenschaften ziehen lassen. War die Hybrid-Zucchini in erster Generation (F1) noch rund und gestreift, weisen die aus ihren Samen gezogenen Zucchini im nächsten Jahr vielleicht nur eines oder keines der beiden Merkmale auf. Um wieder runde, gestreifte Zucchini zu ernten, muss der Gärtner erneut F1-Saatgut vom Hersteller kaufen.

SAATGUT ERNTEN

Nicht nur Früchte, sondern eben auch Samen lassen sich von den eigenen Pflanzen ernten. Wenn sich der Sommer dem Ende zuneigt und die Sommerblumen verblühen, kommt die Zeit der Samenernte. Aus den Samen von Ringelblume und Kapuzinerkresse lässt sich im nächsten Frühjahr gut der eigene Nachwuchs ziehen.

Geerntet wird bei warmem Wetter, sobald die Samenstände nach der Blüte getrocknet sind. Zu frisch solltet ihr sie nicht abschneiden, da die Samen sonst nicht richtig ausgereift und nur wenig keimfähig sind. Bei der Samenernte muss man mitunter schnell sein, denn im Nu sind die Samen vom Wind davongetragen. Die geernteten Samen lässt man ausgebreitet an einem trockenen Ort etwa zwei Wochen gut nachtrocknen, damit sich kein Schimmel bildet.

Zur Aufbewahrung der ausgelösten Samen eignen sich Schraubgläser, Kaffeefilter oder selbst gebastelte Samentütchen. Um Chaos zu vermeiden, solltet ihr die Tütchen mit Sorte und Erntejahr beschriften und gut verschließen. An einem dunklen, trockenen, aber kühlen Ort gelagert, sind die meisten Arten etwa drei Jahre lang haltbar. Bei älteren Samen ist vor der Aussaat eine Keimprobe empfehlenswert.

◄ Unterschiedlichste Formen von Samen und Samenständen. Im Uhrzeigersinn: Kapuzinerkresse, Schlafmohn, Ringelblume, Jungfer im Grünen und Bohnen.

Blüten von Ringelblumen, Rosen, Kamille und Lavendel lassen sich trocknen und im Winter zum Verzieren von Torten oder für Tee verwenden.

In wenigen Tagen können die Ringelblumen-Samen geerntet werden. ▶

Direktaussaat: Petersilie kann ohne Vorziehen direkt in den Topf ausgesät werden. Eine regelmäßige Nachsaat garantiert eine lückenlose Ernte.

SÄEN UND STAUNEN!

Ab Februar lässt sich Wärme liebendes Gemüse wie Kohlrabi, Chili und Paprika gut im Haus vorziehen. Ein idealer Ort dafür ist eine sonnige Fensterbank. Neben der Qualität des Saatguts sind Wärme und Licht besonders entscheidend für den Erfolg eurer Anzucht.

Ausgewaschene Milchkartons, Joghurt- und Margarinetöpfe eignen sich hervorragend als Anzuchtgefäße. Eierpappen oder selbst gebastelte Paperpots aus Zeitungspapier können sogar später mit eingepflanzt werden. Wichtig ist auch hier, dass man durch Abflusslöcher dafür sorgt, dass sich in den Gefäßen keine Staunässe bildet.

Als Substrat verwendet man eine spezielle, im Gartencenter erhältliche Anzuchterde. Diese Erde ist locker, keimfrei und nährstoffarm. Die zarten Pflänzchen werden durch das Substrat dazu angeregt, kräftige Wurzeln auszubilden, um sich mit Nährstoffen und Wasser zu versorgen. Verwendet man eine normale Blumenerde, werden die Sämlinge überdüngt. Nach dem Befüllen der Töpfchen müsst ihr die Erde leicht andrücken und befeuchten. Die Samen verteilt ihr nun gleichmäßig, jedoch nicht zu dicht. Dafür schneide ich meist einfach eine Ecke der Samentüte ab und säe direkt aus der Tüte.

TYPFRAGE

Bei den Samen wird in zwei Gruppen unterschieden. Als Lichtkeimer bezeichnet man Pflanzen, die Licht benötigen, damit der Keimprozess in Gang gesetzt wird. Diese Samen werden nach dem Säen nicht mit Erde bedeckt, sondern nur auf die Erdoberfläche gestreut und leicht angedrückt. Typische Lichtkeimer sind z. B. Salat, Thymian, Basilikum oder Ringelblume.

Etwa doppelt so dick wie der Samen selbst sollte hingegen die Erdschicht sein, mit der Dunkelkeimer nach der Saat bedeckt werden. Die dadurch erzeugte Dunkelheit dient dem Schutz vor direktem Licht, das ihre Keimfähigkeit hemmt. Dunkelt man die Anzuchtgefäße zusätzlich ab, lässt sich die Keimquote erhöhen. Kürbis, Zucchini, Kapuzinerkresse oder Borretsch gehören z. B. zu dieser Gruppe.

Anzucht in Milchtüten: Buschbohnen haben eine kurze Keimzeit. Dieser Sämling hat bereits nach wenigen Tagen sein erstes Blattpaar ausgebildet.

Wenn ihr die Samentütchen nach Aussaatmonat sortiert, könnt ihr den richtigen Zeitpunkt für das Säen der einzelnen Sorten kaum verpassen.

Zum Angießen und Feuchthalten verwendet ihr am besten eine Sprühflasche oder einen feinen Gießaufsatz für Wasserflaschen, damit die feinen Samen nicht weggeschwemmt werden. Um Verwechslungsgefahr vorzubeugen, steckt man in jeden Topf ein Etikett, das mit dem Namen der Pflanze beschriftet ist. Ein kurzer Vermerk im Gartentagebuch zum Datum der Aussaat verschafft euch einen Überblick über die Keimzeit, wenn ihr beobachtet, wann sich das erste zarte Grün zeigt.

Licht, Wärme und eine hohe Luftfeuchtigkeit lassen die Aussaat keimen. Diese Verhältnisse schafft man, indem man den Pflanzen ein kleines Gewächshaus baut. Dafür könnt ihr umgedrehte Einmach- oder Marmeladengläser sowie transparente Frischhaltebeutel oder PET-Flaschen, aus denen ihr den Boden heraustrennt, verwenden. Erhältlich sind aber auch spezielle Anzuchtkisten bzw. -häuser für die Fensterbank. Die Luftfeuchtigkeit, die unter den Abdeckungen entsteht, schützt die jungen Pflanzen außerdem vor dem Austrocknen. Obwohl es die Saat gerne warm hat, sollte täglich einmal gelüftet werden, damit keine Pilzkrankheiten entstehen.

PIKIERTE PFLÄNZCHEN

Hat sich nach den Keimblättern das erste richtige Blattpaar gebildet, ist der Zeitpunkt gekommen, die kräftigsten Pflanzen zu vereinzeln. Dieses Vereinzeln – damit die Pflanzen nicht zu dicht stehen und sich gegenseitig Licht nehmen – nennt der Gärtner „pikieren". Dafür trennt man die kleinen Pflanzen mit einem Pikierstab vorsichtig voneinander, hebt sie aus dem Anzuchtgefäß und pflanzt jede in einen eigenen Topf mit Standarderde. Mit mehr Nährstoffen versorgt, können sie nun kräftiger werden, bevor sie nach draußen umziehen.

Ab Mitte Mai bzw. nach den Eisheiligen könnt ihr die Anzucht langsam auspflanzen. Zur Vorbereitung auf Wind, wechselnde Temperaturen und Sonnenlicht im Freien sollten die Pflanzen zuvor abgehärtet werden. Dafür stellt ihr sie an beständigen Tagen nach draußen. Da ihr Grün noch sehr zart ist, sind sie im Schatten besser aufgehoben als in der direkten Sonne. Die kühlen Nächte dürfen sie zunächst noch drinnen auf der Fensterbank verbringen, denn anders als voll entwickelte Pflanzen vertragen Sämlinge nur wenig Kälte.

Ein Frischhaltebeutel oder ein Marmeladenglas über dem Topf sorgt für hohe Luftfeuchtigkeit und schützt den Steckling vor dem Vertrocknen.

Familienzuwachs

PFLANZEN VERMEHREN

Kräuter wie Salbei oder Rosmarin, aber auch z. B. Lavendel lassen sich im Frühjahr oder Sommer einfacher durch sogenannte „Stecklinge" als durch Aussaat vermehren. Dafür schneidet man die Triebspitzen vor der Blüte mit einer Gartenschere etwa 7 bis 10 cm lang ab. Die Blätter im unteren Teil werden abgezupft, da dieser in einen mit Anzuchterde gefüllten Topf gesteckt wird. Die Erde sollte immer leicht feucht, jedoch nicht nass gehalten werden. Wenn die Stecklinge nach ein paar Wochen Wurzeln ausgebildet haben, können sie in einen Topf mit Standarderde umgepflanzt werden.

Möchte man Minze und Zitronenmelisse vermehren, können sie wie Stauden geteilt werden. Im Topf oder Balkonkasten werden diese Kräuter schnell sehr groß, sodass man durch das Teilen neuen Platz schafft und ein schönes Mitbringsel für den Gartenfreund gewinnt. Der beste Zeitpunkt dafür ist im Frühjahr, bevor die Pflanzen neu austreiben. Dafür gräbt man die Pflanze aus dem Gefäß und sticht sie mit einer Schaufel in kleinere, etwa faustgroße Teile. Bevor man sie wieder einpflanzt, sollte man die Gelegenheit nutzen, um die Wurzeln etwas zu stutzen. Das gibt der Pflanze neue Wachstumsimpulse.

◄ Wurzeln schlagen: Die Triebe der Minze haben im Wasser Wurzeln ausgebildet und können nun in die Erde gepflanzt werden.

Der Dornröschenschlaf

PFLANZEN ÜBERWINTERN

HARTGESOTTEN ODER ZIMPERLICH?

Wenn die Temperaturen sinken und das Laub braun wird, neigt sich die Saison dem Ende zu. Vor dem ersten Frost müssen nun die Balkonpflanzen für die Winterruhe gerüstet werden. Zunächst gilt es, die mehrjährigen Pflanzen in die Gruppen „winterhart" und „nicht winterhart" zu unterteilen.

Die Winterharten können bei frostigen Temperaturen draußen bleiben, für die Nichtwinterharten muss für die nächsten Monate ein geschützter Platz gefunden werden. Das ideale Quartier für Mehrjährige, die keinen Frost vertragen, ist hell und kühl. Temperaturen um zehn Grad sind für das Überwintern optimal. Es gilt: Je dunkler der Raum ist, desto kühler muss er sein. Am besten eignet sich ein unbeheizter Kellerraum oder eine Garage mit kleinem Fenster. Bietet sich nur ein Platz im Treppenhaus, sollte man sich mit den Nachbarn absprechen, um Ärger zu vermeiden. Auf keinem Fall dürfen Fluchtwege mit große Kübeln versperrt werden. Wichtig ist, die Pflanzen vor dem Einzug ins Winterquartier auf Krankheiten zu prüfen und gegebenenfalls zu behandeln (siehe Seite 48).

Als Gärtner hat man in den kommenden Monaten keine Winterpause: Beim wöchentlichen Kontrollgang sollten die Pflanzen und ihre Gesundheit beobachtet werden. Leichtes Gießen der Pflanzen im Winterquartier und der auf dem Balkon verbliebenen ist auch in den Wintermonaten erforderlich. Vor allem immergrüne Pflanzen wie Rosmarin müssen bei Bedarf gegossen werden und dürfen nie völlig austrocknen. In den kalten Monaten betreiben wintergrüne Pflanzen weiterhin Fotosynthese, für die sie ausreichend Wasser, Licht und einen geschützten Standort benötigen.

Winterharte Mehrjährige wie Thymian, Minze und Liebstöckel können die kalten Monate draußen verbringen. Was sie allerdings nicht mögen, ist, wenn ihre Wurzeln im Wechsel einfrieren und auftauen. Vorbeugen kann man, indem man die Kästen und Kübel isolierend in Noppenfolie, Sackleinen oder Vlies wickelt und nah an die Hauswand stellt. Beim Verpacken müsst ihr darauf achten, dass Wasser weiterhin gut abfließen kann. Größere Töpfe kann man z. B. auf zwei parrallele Holzlatten stellen. Wer viele kleine Töpfe hat, kann eine Kiste mit Herbstlaub füllen und die Pflanzen darin geschützt unterbringen.

Nicht nur die Pflanzen, auch einige Utensilien müssen vor großer Kälte geschützt werden. Gefrierendes Wasser dehnt sich aus, was bei vielen Materialien für Frostschäden sorgen kann. Terrakottatöpfe können wie Gießkannen aus Kunststoff platzen, bei Gefäßen aus Metall kann es dazu führen, dass Schweißnähte undicht werden. Stellt sie lieber im Haus unter.

Verlassen muss der Balkon im Winter nicht wirken: Mit einem Futterhäuschen, Meisenknödeln und Nusssäckchen lockt man heimische Wildvögel wie Meisen, Finken und Rotkehlchen an, die bei Frost und Schnee in der Natur nicht genügend Futter finden. Böden und Futterstellen sollten sauber gehalten werden, um die Übertragung von Krankheiten zu verhindern.

FRÜHLINGSERWACHEN

Fröhliches Vogelzwitschern ist zu hören und die Bäume treiben frisches Grün – ein sicheres Zeichen, dass es endlich wieder wärmer wird und eine neue Balkonsaison vor der Tür steht.

Die Pflanzen aus dem Winterquartier müssen nun langsam wieder an das Leben draußen gewöhnt werden. Wenn es nicht mehr friert, können sie auf den Balkon gestellt werden. Allerdings solltet ihr sie zunächst vor direktem Sonnenlicht schützen, damit frische Austriebe keinen Schaden nehmen. Genauso schonend sollten die Abdeckungen der Winterharten entfernt werden. Der Saisonstart ist ein guter Zeitpunkt für einen Rückschnitt und das Umtopfen der Pflanzen in frische Erde.

◄ Eichhörnchen erreichen ihre Vorräte bei gefrorenen Böden nur sehr schwer. Dieser Kletterkünstler ist über das Regenrohr zu den Nüssen gelangt.

Das Wellnessprogramm

Tut gut – ist gut! Wohltuende Pflege lässt man seinen Pflanzen mit
ausreichend Wasser, frischen Nährstoffen und einer chemiefreien Bekämpfung
von Schädlingen angedeihen. Das ist Wellness auch für den Gärtner,
denn er kann bedenkenlos seine Ernte genießen.

Warmduscher!

RICHTIG GIESSEN

DER FRÜHE VOGEL ...

Besonders im Balkon- bzw. Topfgarten gehört die regelmäßige Wasserversorgung zu den wichtigsten Pflegeaufgaben. Der optimale Zeitpunkt für das Gießen ist in den frühen Morgenstunden. Dann wenn die Temperaturen noch nicht so hoch sind, dass sie das Wasser direkt wegtrocknen lassen, kann es von den Wurzeln am besten aufgenommen werden. An warmen Sommertagen kommt man häufig nicht drumherum, abends noch einmal zu gießen.

Welche Pflanze viel Wasser benötigt und welche eher genügsam ist, wird man nach kurzer Zeit feststellen. Einen kleinen Anhaltspunkt geben ihre Blätter: Großblättrige Pflanzen benötigen meist mehr Wasser, da sie viel davon über die Blätter verdunsten. Die Ausrichtung des Balkons bzw. der Standort ist ebenfalls entscheidend. Pflanzen, die dem Wind ausgesetzt sind, müssen z. B. häufiger gegossen werden als die auf einem schattigen Nordbalkon.

WASSER MARSCH!

Bevor Wasser fließt, solltet ihr mit dem Finger prüfen, ob die Erde noch ausreichend feucht ist. Beim Gießen sollten die Blätter nicht unnötig nass werden. Das verringert das Risiko von Pilzbefall und Verbrennungen durch spätere Sonneneinstrahlung. Am besten gießt man langsam möglichst nah an der Erde, bis das Wasser unten aus dem Topf läuft. Auch an heißen Sommertagen bevorzugen Pflanzen warmes, abgestandenes Wasser. Die Kannen fülle ich deshalb direkt wieder auf und stelle sie nach draußen. Bis abends erneut gegossen werden muss, ist das Wasser auf die Umgebungstemperatur erwärmt.

Leider bietet sich auf einem Balkon nur selten die Möglichkeit, Regenwasser zu sammeln. Dennoch lassen sich Wege finden, kostbares Leitungswasser zu sparen. Stellt man z. B. Schalen unter die Pflanzgefäße, kann überschüssiges Gießwasser aufgefangen werden. Sobald der Wurzelballen trocknet, wird das Wasser von der Pflanze nach und nach aufgesogen. Bei Regenwetter sollte sich das Wasser in den Schalen jedoch nicht über längere Zeit anstauen. Am besten entleert ihr die Schalen regelmäßig in die Gießkanne.

Vielleicht findet ihr auch in eurem Haushalt Möglichkeiten, Wasser zu sammeln. Beim Gemüsewaschen stelle ich z. B. gerne eine Schüssel in die Spüle, um Wasser aufzufangen, das ich anschließend in die Gießkanne umfülle.

URLAUBSVERTRETUNG

Sommerzeit ist Urlaubszeit – auch für Gärtner. Doch wie versorgt man Blumen und Gemüse während der Abwesenheit mit Wasser? Für einen Kurztrip übers Wochenende lassen sich einfache Lösungen finden. Ist man für längere Zeit unterwegs, wird man einen Freund oder Nachbarn bitten müssen, die Urlaubsvertretung zu übernehmen.

Vor der Abfahrt sollten die Pflanzen an einen möglichst schattigen Ort auf dem Balkon gestellt und kräftig gegossen werden. Zudem kann ein Platz nahe der Hauswand helfen, ihnen einen geschützteren Standort zu geben, an dem sie Sonne und Wind weniger stark ausgesetzt sind. So bleibt die Erde in den Töpfen länger feucht.

Pflanzen in Balkonkästen mit Wassertank sind mit einem gefüllten Speicher für ein paar Tage mit Wasser versorgt. Für Pflanzen in Dosen und Töpfen gibt es ein einfaches und erschwingliches Bewässerungssystem. Im Handel sind Tonkegel erhältlich, die mit einer aufgesetzten Wasserflasche in die Topferde gesteckt werden. Über die poröse Tonstruktur geben die Kegel nach und nach das Wasser an die Erde ab. Wie lange die Pflanzen im Topf über dieses System gut versorgt sind, sollte vor dem Kurzurlaub getestet werden.

◄ Die Zeit beim Gießen kann man nutzen, um die Pflanzen auf Schädlinge und Krankheiten zu prüfen.

Ackerschachtelhalm wächst oft am Wegesrand oder sogar in
Bordsteinfugen direkt vor der Haustür.

Alte Suppenteller oder Untertassen fangen Gießwasser genauso
gut auf wie gekaufte Tonschalen.

Die Starkzehrer Himbeere und Rhabarber in einem Topf? Da ist Futterneid vorprogrammiert, wenn nicht für ausreichend Nährstoffe gesorgt wird.

Den Nährstoffhunger stillen

PFLANZEN DÜNGEN

DREI-KLASSEN-GESELLSCHAFT

Das gemeine Gemüsevolk lässt sich in drei Gruppen einteilen: Für ein gesundes Wachstum und eine ertragreiche Ernte müssen Stark-, Mittel- und Schwachzehrer ihrem jeweiligen Nährstoffbedarf entsprechend mit Dünger versorgt werden.

Zu den Starkzehrern mit großem Nährstoffbedarf zählen u. a. Tomate, Zucchini und Kürbis. Sie bilden viele bzw. große Früchte und entziehen dem Boden dafür viele Nährstoffe. Spinat und Paprika sind Mittelzehrer und müssen ebenfalls regelmäßig mit Nährstoffen versorgt werden. Genügsam hingegen sind z. B. Kräuter und Bohnen, diese sogenannten Schwachzehrer müssen nur mäßig oder gar nicht gedüngt werden.

Bei Düngemittel wird in „organisch" und „mineralisch" unterschieden. Mineralische Dünger enthalten die Nährstoffe in Form von Salzen, die direkt von der Pflanze aufgenommen werden können. Sie versprechen schnelle Hilfe bei Mangelerscheinungen. Organische Dünger aus Pflanzenstoffen werden von den Bodenorganismen erst umgewandelt und entfalten ihre Wirkung daher kontinuierlich über einen längeren Zeitraum, was eine Überdüngung verhindert.

Weiter wird unterschieden in „flüssig" und „fest". Während feste Dünger wie z. B. Hornspäne oder Kompost als Langzeitdünger schon beim Einpflanzen der Erde beigemischt werden, finden Flüssigdünger beim Nachdüngen Verwendung. Etwa acht bis zwölf Wochen nach dem Einpflanzen neigen sich die Nährstoffe in der Erde dem Ende zu. Jetzt gilt es, den Nährstoffhunger der Pflanzen zu stillen. Gärtner mit biologischem Anspruch nutzen dafür organische Dünger. Das bedeutet, es werden ausschließlich pflanzliche und tierische Mittel zum Düngen verwendet, die ohnehin schon im natürlichen Kreislauf vorhanden sind. Dünger aus Pflanzenstoffen zur Verbesserung des Stickstoff-, Kalium- und Kieselsäurehaushalts sind als kombinierte Flüssigdünger im Fachhandel erhältlich.

Wer aufgrund einer veganen Lebensweise auch seine Pflanzen entsprechend „ernähren" möchte, kann mittlerweile biovegane Dünger im Handel erwerben. Die Dünger bestehen teilweise aus Kakaoschalen und duften herrlich.

JAUCHE ANSETZEN

Eine weitere Möglichkeit ist, selbst eine Jauche herzustellen, die als Lieferant dieser Nährelemente dient. Starkzehrer wie Rhabarber und Tomate können mit einer selbst angesetzten Jauche auf rein pflanzliche und kostengünstig Weise mit Nähr-

stoffen versorgt werden. Dafür eignen sich einige Wildkräuter, die ihr bei einem Spaziergang am Wegesrand sammeln könnt.

Jauche aus Brennnesseln zur Stärkung der Pflanzen ist seit Generationen ein beliebtes organisches Düngemittel. Die Jauche erhöht den Stickstoffgehalt in der Erde, der das Längen- und Blattwachstum der Pflanzen fördert. Aus Ackerschachtelhalm lässt sich eine Jauche herstellen, die viel Kieselsäure enthält. Diese wirkt unterstützend beim Vorbeugen von Pilz- und Blatterkrankungen. Als Kaliumlieferant zur Kräftigung von Tomaten- und Kartoffelpflanzen eignet sich eine Jauche aus Beinwell besonders gut.

Jauche wird, genau wie Flüssigdünger, ausschließlich mit Wasser verdünnt verwendet. Am gleichmäßigsten verteilt sie sich auf das gesamte Gießwasser, wenn sie vor dem Wasser in die Kanne gegeben wird. Der beste Zeitpunkt für das Ausbringen ist am Morgen. So kann der Geruch über den Tag etwas verfliegen, bevor man es sich nach Feierabend auf dem Balkon gemütlich macht.

Blattläuse ernähren sich von Pflanzensaft. Die Beschädigung der Pflanzenzellen führt dazu, dass die Pflanze im Wachstum gehemmt wird.

Freund und Feind

SCHÄDLINGE UND KRANKHEITEN

NATÜRLICH, OHNE CHEMIE!

Während sich Beetgärtner und Schnecken das Gemüse teilen, hat der Balkongärtner das große Glück, dass sich diese gefräßigen Tiere nicht auf den Balkon vorwagen. Manch anderem ungebetenen Gast ist allerdings kein Weg zu weit. Sollen Pflanzen und Früchte genießbar bleiben, muss den Schädlingen eine möglichst schonende Kampfansage gemacht werden.

Kräftige Pflanzen wachsen vor allem dort, wo sie optimale Standort- und Wachstumsbedingungen finden. Außerdem hilft bedarfsgerechtes Düngen dabei, Krankheiten und Schädlingen vorzubeugen. Zu viel der Stärkungsmittel macht das Pflanzengewebe weich und die Pflanze somit anfälliger für Krankheiten.

VORSORGEMASSNAHMEN

Vor allem wenn Krankheiten und Schädlinge früh entdeckt und erkannt werden, gibt es einfache und wirkungsvolle Maßnahmen, mit denen den Pflanzen schonend geholfen werden kann.

Das regelmäßige Ausputzen und Entfernen herabgefallener oder abgestorbener Pflanzenteile fördert nicht nur einen kräftigen Wuchs, sondern hilft dabei, Infektionen mit Pilzkrankheiten vorzubeugen. Besonders nach kräftigen Regenschauern fangen welke Blüten oder Stängel leicht an zu faulen und sollten deshalb abgeschnitten werden. Die Feuchtigkeit trocknet außerdem schneller ab, stellt man die Töpfe nicht zu dicht nebeneinander.

Mit einem Insektenhotel kann den Nützlingen ein Zuhause direkt am Einsatzort gegeben werden.

Echter Mehltau ist nur auf der Blattoberseite, wie auf der dieser Kornblume, zu finden und liebt warmes Sommerwetter.

Vorsorgend kann das Besprühen mit einem Kaltauszug aus Ackerschachtelhalm auf die Pflanzen stärkend wirken. Die darin enthaltene Kieselsäure kräftigt die Pflanzenzellen, was eine Infektion mit Krankheiten erschwert. Für den Kaltauszug legt man 150 g der Triebe in 5 l Wasser ein. Die Ziehzeit beträgt etwa 24 Stunden, bevor man den Auszug verwendet.

LAUSIGE ZEITEN

Mit einer vielfältigen Bepflanzung könnt ihr verschiedene Nützlinge anlocken, die euch auf natürliche Weise helfen, Schädlinge zu bekämpfen. Marienkäfer, Florfliegen, Ohrwürmer und Schlupfwespen gehören zu den natürlichen Fressfeinden der Blattlaus. Bis zu 150 Läuse vertilgt ein ausgewachsener Marienkäfer am Tag. Nützlinge können auch online und im Fachhandel erworben werden. Nach Erhalt setzt man sie je nach Art an der betroffenen Pflanze aus oder bringt sie im Gießwasser an ihren Bestimmungsort.

Doch auch wenn es summt und brummt, entdeckt wohl jeder Gärtner im Laufe der Saison Schädlinge an seinen Pflanzen. Bei geringem Befall könnt ihr versuchen, Blattläuse unter einem Wasserstrahl abzuspülen. Gelingt das nicht, solltet ihr zu biologischen Präparaten oder einer Gelbtafel greifen. Gelbtafeln ziehen durch ihre leuchtende Farbe u. a. beflügelte Blattläuse und Trauermücken an, die an dem Leim der Tafel haften bleiben. Greift man hingegen zu einer „Chemiekeule", können die Pflanzen oft für längere Zeit nicht verzehrt werden. Zudem bekämpfen diese Mittel nicht nur die Schädlinge, sondern schaden zugleich den Nützlingen.

PILZERKRANKUNGEN

Die Blätter von Zucchini- und Kürbispflanzen sind sehr anfällig für Mehltaupilze. Die Sporen des Echten Mehltaus verbreiten sich vor allem bei warmen Temperaturen über die Luft und bilden zunächst auf der Blattoberseite ein Pilzgeflecht. Sind nur wenige Pflanzenteile von dem weißen, mehligen Pilz betroffen, können diese entfernt werden. Ansonsten kann man im Kampf gegen den Pilzbefall ein Gemisch aus Milch und Wasser, im Verhältnis 1:9 ausprobieren. Es wird alle zwei Tage auf die betroffenen Blätter und Pflanzenteile gesprüht.

Kulinarischer Spaziergang

EIN EXKURS

Am Wegesrand in der nahen Umgebung sind rund um das Jahr Köstlichkeiten zu finden, die man im Supermarkt lange suchen wird. Hält man die Augen offen, können Spaziergänge zu kleinen Genussexpeditionen werden, bei denen sich je nach Region unterschiedliche Wildfrüchte und -kräuter sammeln lassen. Sicher lohnt sich auch die Teilnahme an einer geführten Kräuter- oder Pilzwanderung, um das Wissen über die regionalen Besonderheiten zu erweitern. Voraussetzung für das Sammeln und Ernten in der Natur ist ein respektvoller Umgang mit allen Pflanzen und Lebewesen.

FRÜHJAHR

Noch bevor die ersten Bäume wieder grün sind, entfalten die häufig als Unkraut verschrienen Wildkräuter ihr zartes Grün. Die ersten Triebe der Brennnessel und anderer Wildkräuter sind besonders lecker. Auch später im Jahr lassen sich Brennnesseln noch zu einer köstlichen Suppe verarbeiten – die frischen Triebe schmecken jedoch am zartesten.

Zwischen März und Mai breitet sich Bärlauch in schattigen Waldgebieten aus, wo er sich kaum verfehlen lässt. Beim Sammeln ist etwas Vorsicht geboten, da sich die Blätter von Bärlauch und Maiglöckchen sehr ähneln. Durch den intensiven Knoblauchduft lässt sich der schmackhafte Bärlauch jedoch sicher von den giftigen Maiglöckchen unterscheiden. Seine weißen, sternförmigen Blüten sind ebenfalls essbar.

In schattigen Laubwäldern kann man etwa zur selben Zeit Waldmeister ernten. Zum Kochen eines Sirups, mit dem man leckere Kräuterlimonaden mischen kann, verarbeitet man am besten die jungen Pflanze vor der Blüte. Waldmeister und Bärlauch sind häufig im Handel als Jungpflanzen erhältlich und gut geeignet für den Anbau auf schattigen Balkonen.

SOMMER

Schwarzer Holunder ist ein kulinarischer Begleiter am Wegesrand, der sich gleich zweimal im Jahr ernten lässt. Im Frühjahr kann aus den Blüten ein Sirup gekocht werden, mit dem sich köstliche Getränke mischen lassen. Die fast schwarzen Beeren reifen im Spätsommer heran. Mit einer Gabel lassen sie sich von den Stielen streifen und zu Saft und Gelee verarbeiten. Wichtig ist, sie vor dem Verzehr zu erhitzen. Die hohen Temperaturen sorgen für den Abbau des schwachen Gifts Sambunigrin, damit der Genuss der Beeren unbedenklich wird.

Brombeerliebhaber aufgepasst: Ab Mitte August trägt kaum etwas so viele Früchte wie die Brombeersträucher am Wegesrand. Sobald sich die Früchte leicht von den Ästen lösen lassen, sind sie reif.

Gelbe Blütenkugeln verraten schon im Frühjahr, wo sich im Spätsommer Kornelkirschen ernten lassen. Den Standort sollte man sich unbedingt merken und zurückkehren, wenn die Früchte im September reifen. Aus den roten Wildfrüchten mit ihrem süßsauren Geschmack lässt sich mit Vanille und Sternanis eine köstliche Marmelade kochen.

HERBST

Die Nüsse der bei uns heimischen Haselnuss sind hervorragende Energielieferanten, deren Ernte mit Herbstbeginn startet. Lagert man sie in der Schale, sind sie über mehrere Monate bis ins Frühjahr haltbar.

Die Walnuss wächst in wärmeren Regionen, denn die Blüten sind recht frostempfindlich. Ein Baum trägt Tausende Früchte, die reich an ungesättigten Fettsäuren sind. Die Nüsse sind in eine grüne Schale gehüllt, die platzt, sobald die Nuss reif ist.

◄ Immer der Nase nach! Dieses Meer von Bärlauch lässt sich schon von Weitem riechen.

▲
Der Bärlauchstrauß weckt die Vorfreude auf selbst gemachtes Pesto.

Die hellen, unreifen Früchte der Kornelkirsche lassen sich zu falschen Oliven verarbeiten. Dafür legt man sie zunächst in Salzwasser und anschließend mit Kräutern und Öl ein. ▶

FRISCHE PETERSILIE

CA. 20 MINUTEN

1 PORTION

100 Rezepte für ein natürlich gesundes Leben –
mit Fitnessplakat und Einsteigerprogramm
ISBN 978-3-86355-371-5

www.emf-verlag.de
facebook.com/EditionMichaelFischer

Frisch aus dem Topf

Endlich, die ersten Zucchini sind reif! Aus der eigenen Ernte zubereitete Speisen lassen sich ganz unbeschwert genießen. In diesem Kapitel findet ihr zu vielen balkontauglichen Sorten köstliche Rezeptideen. Mit ihrem Genuss lässt sich der Erfolg eures eigenen Anbaus gebührend feiern.

Kräuter

Frische Kräuter geben den Gerichten durch ihre individuellen Aromen die passende Würze und den entscheidenden Pfiff. Eine Auswahl verschiedener Kräuter darf also auf keinem Küchenbalkon fehlen. Mehr zu Sorten, Anbau und Rezepten findet ihr auf den folgenden Seiten.

SCHNITTLAUCH
Allium schoenoprasum

Standort: sonnig bis halbschattig
Wuchsform/-höhe: aufrecht, 20 bis 30 cm
Kultur: mehrjährig, winterhart
Vermehrung: Teilen im Frühjahr, Aussaat ab April direkt im Freien
Ernte: April bis September
Pflege: hoher Wasserbedarf, mittlerer Nährstoffbedarf

Weiß blühender *(Allium schoenoprasum* 'Elbe') oder rosa blühender Schnittlauch *(Allium schoenoprasum* 'Forescate')* hat besonders schöne Blütenbälle. Eine regelmäßige Ernte fördert den Neuaustrieb und Wuchs.

PETERSILIE
Petroselinum crispum

Standort: sonnig
Wuchsform/-höhe: aufrecht, 20 bis 30 cm
Kultur: zweijährig, winterhart
Vermehrung: Aussaat ab März direkt im Freien
Ernte: Mai bis Oktober
Pflege: mittlerer Wasserbedarf, mittlerer Nährstoffbedarf

Glatte Petersilie ist aromatischer als krause. Petersilie keimt recht langsam, sodass die erste Ernte ein paar Wochen auf sich warten lässt. Bei der Ernte sollte das Wuchszentrum stehen bleiben, denn daraus treibt sie wieder neu aus.

GEWÜRZTHYMIAN
Thymus vulgaris

Standort: sonnig
Wuchsform/-höhe: buschig, 20 bis 30 cm
Kultur: mehrjährig, winterhart
Vermehrung: Stecklinge im Sommer, Aussaat ab Februar auf der Fensterbank
Ernte: Juni bis September
Pflege: geringer Wasserbedarf, geringer Nährstoffbedarf

Thymian fühlt sich an warmen, trockenen Standorten, die seiner Heimat, dem Mittelmeerraum, am nächsten kommen, besonders wohl. Zitronenthymian *(Thymus* x *citriodorus)* hat ein frisches Aroma und schmeckt wunderbar zu Fisch.

BASILIKUM
Ocimum basilicum

Standort: sonnig
Wuchsform/-höhe: buschig, ca. 40 cm
Kultur: einjährig
Vermehrung: Aussaat ab April auf der Fensterbank
Ernte: Juni bis August
Pflege: mittlerer Wasserbedarf, mittlerer Nährstoffbedarf

Basilikum 'Rosso' ist eine Variante des grünen Basilikums 'Genovese' und sieht mit seiner gezackten Blattkante sehr hübsch aus. Das Ausknipsen der Triebspitzen sorgt für einen kräftigen Wuchs und eine reiche Ernte.

GARTENSALBEI
Salvia officinalis

Standort: sonnig
Wuchsform/-höhe: buschig, 20 bis 40 cm
Kultur: mehrjährig, winterhart
Vermehrung: Stecklinge im Sommer, Aussaat
ab April direkt im Freien
Ernte: April bis Oktober
Pflege: mittlerer Wasserbedarf, mittlerer
Nährstoffbedarf

Buntlaubige Salbeiarten, wie der violette Purpur-
salbei *(Salvia officinalis* 'Purpurascens'*)*, sind
kälteempfindlich und brauchen Winterschutz, wie
z. B. einen „Mantel" aus Jute. Ein Tee aus Ananas-
salbei *(Salvia rutilans)* weckt mit seinen fruchtigen
Aromen ein herrliches Sommergefühl. Allerdings
muss diese Salbeiart frostfrei überwintert werden.

ROSMARIN
Rosmarinus officinalis

Standort: sonnig
Wuchsform/-höhe: aufrecht, 30 bis 60 cm
Kultur: mehrjährig, frostempfindlich
Vermehrung: Stecklinge im Sommer
Ernte: ganzjährig
Pflege: geringer Wasserbedarf, geringer
Nährstoffbedarf

Rosmarin ist in aufrechter und hängend wachsen-
der Form sowie mit unterschiedlichen Blütenfarben
erhältlich. Die Blüten ziehen Schmetterlinge und
andere Insekten an.

VIETNAMESISCHER KORIANDER
Persicaria odorata

Standort: halbschattig bis schattig
Wuchsform/-höhe: buschig, 20 bis 40 cm
Kultur: mehrjährig, nicht winterhart
Vermehrung: Stecklinge im Sommer, Teilen im Frühjahr
Ernte: ganzjährig
Pflege: mittlerer Wasserbedarf, mittlerer Nährstoffbedarf

Diese Sorte ist sehr wuchsfreudig und robuster als der Echte Koriander *(Coriandrum sativum)*. Wer die asiatische Küche mit ihren Currys schätzt, sollte diese fruchtig-zitronige Sorte unbedingt probieren.

ECHTER LORBEER
Laurus nobilis

Standort: sonnig bis halbschattig
Wuchsform/-höhe: aufrecht, 60 bis 100 cm
Kultur: mehrjährig, nicht winterhart
Vermehrung: Stecklinge im Sommer
Ernte: ganzjährig
Pflege: mittlerer Wasserbedarf, mittlerer Nährstoffbedarf

In Suppen, Brühen und Schmorgerichten ist Gewürzlorbeer unverzichtbar. Die Blätter der immergrünen Würzpflanze können sowohl frisch als auch getrocknet verwendet werden.

LIEBSTÖCKEL
Levisticum officinale

Standort: sonnig bis halbschattig
Wuchsform/-höhe: aufrecht
Kultur: mehrjährig, winterhart
Vermehrung: Teilen im Frühjahr, Aussaat von März bis April direkt im Freien
Ernte: Mai bis Oktober
Pflege: hoher Wasserbedarf, hoher Nährstoffbedarf

Die Pflanze überwintert in ihrem Wurzelstock, d.h., sie hat im Winter keine Blätter. Frisches Grün des Würzkrauts, das wegen seines Geruchs auch „Maggikraut" genannt wird, treibt im Frühjahr erneut aus.

MINZE
Mentha

Standort: sonnig
Wuchsform/-höhe: aufrecht, bis 100 cm
Kultur: mehrjährig, winterhart
Vermehrung: Teilen im Frühjahr, Stecklinge im Sommer
Ernte: Mai bis Oktober
Pflege: hoher Wasserbedarf, mittlerer Nährstoffbedarf

Es gibt unzählige Minzsorten. Einige Gärtnereien bieten mehr als 50 verschiedene in ihrem Sortiment an. Unterschiedliche Aromen zu probieren lohnt sich! Marokkanische Minze *(Mentha spicata* var. *crispa* 'Marokko') ist durch ihr intensives Aroma z. B. gut als Teeminze geeignet. Süßspeisen lassen sich mit Schoko-minze *(Mentha* x *piperita* var. *piperita* 'Schoko') besonders verfeinern.

ZITRONENMELISSE
Melissa officinalis

Standort: sonnig
Wuchsform/-höhe: aufrecht, 40 bis 60 cm
Kultur: mehrjährig, winterhart
Vermehrung: Stecklinge im Sommer, Teilen im Frühjahr
Ernte: Mai bis Oktober
Pflege: hoher Wasserbedarf, mittlerer Nährstoffbedarf

Die Ernte der Blätter empfiehlt sich vor der Blüte, da sie dann besonders aromatisch sind. Schneidet man die Triebe nach der Blüte kräftig zurück, treibt die Melisse neu aus.

ZITRONENVERBENE
Aloysia triphylla

Standort: sonnig
Wuchsform/-höhe: buschig, bis 100 cm
Kultur: mehrjährig, nicht winterhart
Vermehrung: Stecklinge im Sommer
Ernte: Mai bis Oktober
Pflege: mittlerer Wasserbedarf, mittlerer Nährstoffbedarf

Schon wenn man über die Blätter streift, entfaltet die Duftpflanze ihren intensiven Zitronengeruch. Als Tee, in Süßspeisen oder auch als Ersatz für Zitronengras in asiatischen Gerichten eignet sich Zitronenverbene sehr gut.

GRIECHISCHER OREGANO
Origanum heracleoticum

Standort: sonnig
Wuchsform/-höhe: buschig, 20 bis 40 cm
Kultur: mehrjährig, winterhart
Vermehrung: Aussaat ab April direkt im Freien, Stecklinge im Sommer
Ernte: Mai bis Oktober
Pflege: mittlerer Wasserbedarf, mittlerer Nährstoffbedarf

Schmetterlinge werden im Sommer von den essbaren Blüten des Oreganos magisch angezogen. Das Kraut lässt sich gut trocknen, sodass man sich für den Winter einen kleinen Vorrat anlegen kann. Im Frühjahr schneidet man ihn bodentief zurück, damit er kräftige, frische Triebe bildet.

BÄRLAUCH
Allium ursinum

Fundort: schattig, Laubwald
Wuchsform/-höhe: aufrecht, 15 bis 20 cm
Ernte: April bis Mai

Seine Blätter sind genauso essbar wie seine Blüten, mit denen sich Speisen dekorieren und würzen lassen. In Bärlauch sind weniger Geruchsstoffe enthalten als in Knoblauch, die von anderen nach dem Verzehr als unangenehm wahrgenommen werden könnten.

WILDKRÄUTER

Fundort: Wiesen, Wegesrand
Wuchsform/-höhe: aufrecht, 20 bis 150 cm
Ernte: Februar bis Oktober

Die jungen Blätter von Brennnessel *(Urtica dioica)*, Franzosenkraut *(Galinsoga parviflora)*, Giersch *(Aegopodium podagraria)*, Vogelmiere *(Stellaria media)*, Beinwell *(Symphytum officinale)* oder Wiesenlöwenzahn *(Taraxacum officinale)* lassen sich für einen schönen Wildkräutersalat ernten.

WALDMEISTER
Galium odoratum

Fundort: schattig, Laubwald
Wuchsform/-höhe: Bodendecker, 15 bis 30 cm
Ernte: April bis Mai

Damit das Kraut sein Aroma entfaltet, lässt man die Blätter vor dem Verarbeiten welken oder friert sie ein. Geerntet wird am besten vor der Blüte, denn dann ist der Cumaringehalt in der Pflanze noch gering. Waldmeister sollte aber grundsätzlich in Maßen genossen werden, da das Cumarin Kopfschmerzen verursachen kann.

Butter und Aioli

MIT KRÄUTERN UND BLÜTEN

{ ergibt je ca. 250 g }

BLÜTENBUTTER

250 g Butter

1 TL Abrieb einer unbehandelten Zitrone

2 EL getrocknete Blüten, (z. B. Rosen, Ringelblumen, Lavendel)

5 g Fleur de Sel

KRÄUTERBUTTER

250 g Butter

1 Schalotte

1 Knoblauchzehe

1 EL Olivenöl

100 g Kräuter (Estragon, Petersilie, Schnittlauch, Kerbel)

½ unbehandelte Zitrone

1 TL Worcestershire-Soße

1 TL Salz

etwas Pfeffer

ESTRAGON-AIOLI

1 Knoblauchzehe

200 ml Keimöl

1 Eigelb

1 TL Senf

1 EL Zitronensaft

2 EL Estragon

1 EL Crème fraîche

Salz, Pfeffer

BLÜTENBUTTER

Die Butter auf Zimmertemperatur erwärmen und mit etwas Zitronenabrieb verrühren. Anschließend die getrockneten Blüten und das Fleur de Sel unterheben.

Die Blütenbutter wieder als Päckchen oder als Rolle in Pergamentpapier eingepackt im Kühlschrank fest werden lassen.

KRÄUTERBUTTER

Die Butter auf Zimmertemperatur erwärmen.

Die Schalotte sowie den Knoblauch pellen und in sehr feine Würfel schneiden. Beides in dem Olivenöl glasig dünsten und zu der Butter geben.

Die Kräuter fein hacken und gut mit der Butter verrühren. Mit dem Abrieb sowie dem Saft der halben Zitrone und der Worcestershire-Soße verfeinern und mit Salz und Pfeffer abschmecken.

Die Butter als Päckchen oder als Rolle in Pergamentpapier eingepackt im Kühlschrank fest werden lassen.

ESTRAGON-AIOLI

Den Knoblauch pellen und mit dem Keimöl fein pürieren.

Das Eigelb mit Senf und Zitronensaft vermischen. Dann das Knoblauch-Keimöl unter ständigem Rühren tröpfchenweise zu dem Eigemisch zugießen, sodass eine Emulsion entsteht.

Zum Schluss mit fein gehacktem Estragon und der Crème fraîche verfeinern. Mit Salz und Pfeffer abschmecken.

KÜCHENTIPP

Die Butter und Aioli schmecken super zu frisch gebackenem Brot (siehe Seite 169), aber auch zu heißen Ofenkartoffeln, Gemüse, Fisch oder Fleisch.

Zweierlei Pesto

HERZHAFT UND SÜSS

{ergibt je 250 ml}

BASILIKUM-PESTO

30 g Pinienkerne

100 g Basilikum

1 Knoblauchzehe

100 ml Olivenöl

20 g geriebener Parmesan

Salz, Pfeffer

MINZ-PESTO

35 g Cashewkerne

80 g Pfefferminze

50 ml Walnussöl

80 ml Pflanzenöl

25 g weiße Schokolade

BASILIKUM-PESTO

Zu Beginn die Pinienkerne bei mittlerer Hitze goldgelb anrösten und anschließend wieder abkühlen lassen. In der Zwischenzeit die Basilikumblätter von den Stängeln zupfen und die Knoblauchzehe pellen.

Nun den Basilikum mit den Pinienkernen, dem Knoblauch und dem Olivenöl fein pürieren.

Zum Schluss den Parmesan fein reiben und gut mit dem Pesto verrühren. Jetzt nur noch mit Salz und Pfeffer abschmecken.

Schmeckt prima zu Pasta oder einfach zu frischem Brot.

MINZ-PESTO

Als Erstes die Cashewkerne bei mittlerer Hitze goldgelb anrösten und wieder abkühlen lassen. In der Zwischenzeit die Minzblätter von den Stängeln zupfen.

Die Minzblätter zusammen mit den Cashewkernen und den beiden Ölen fein pürieren.

Zum Schluss die weiße Schokolade fein reiben und gut mit dem Pesto verrühren.

Passt fantastisch zu Vanilleeis oder frischen Erdbeeren.

KÜCHENTIPPS

Beide Pestos schmecken intensiver, wenn ihr kurz vorm Servieren einen Spritzer Zitronensaft unterrührt.

Darauf achten, die Kräuter mit dem Olivenöl nicht zu lange zu pürieren, da das Pesto sonst bitter und grau werden kann.

Kräutermarinaden

FÜR GEMÜSE, FISCH UND FLEISCH

{ für je ca. 500 g Grillgut }

SENF-KRÄUTER-MARINADE

2 Knoblauchzehen

2 EL Kräutermix (Kerbel, Petersilie, Basilikum, Koriander, Thymian)

1 TL Pfefferkörner

1 EL grober Dijonsenf

1 EL Honig

4 cl Apfelessig

125 ml Olivenöl

BUTTERMILCH-KRÄUTER-MARINADE

2 EL Kräuter (Rosmarin, Thymian, Salbei, Minze)

1 TL Pfefferkörner

1 TL Wacholderbeeren

½ unbehandelte Zitrone

3 Lorbeerblätter

500 g Buttermilch

je 1 TL Salz und Zucker

HONIG-CHILI-MARINADE

1 EL Kräuter (Koriander, Kerbel, Basilikum, Petersilie)

1 Chilischote

½ Vanilleschote

4 EL Honig

2 Sternanis

5 cl Sojasoße

125 ml Keimöl

SENF-KRÄUTER-MARINADE

Für die Marinade den Knoblauch pellen und grob hacken. Anschließend die Kräuter, den Knoblauch und den Pfeffer zusammen mit einem Schuss Olivenöl fein mörsern und mit den restlichen Zutaten verrühren.

Das Grillgut damit marinieren und mindestens 2 Stunden, am besten aber über Nacht, im Kühlschrank ziehen lassen.

Diese Marinade eignet sich gut zum Marinieren von Gemüse, Fleisch oder auch Fisch.

BUTTERMILCH-KRÄUTER-MARINADE

Für die Marinade die Kräuter fein hacken und den Pfeffer sowie die Wacholderbeeren grob mörsern. Zuerst mit etwas Zitronenabrieb sowie dem Saft einer halben Zitrone und anschließend mit den restlichen Zutaten verrühren.

Nun das Grillgut damit marinieren und mindestens 2 Stunden, am besten aber über Nacht, im Kühlschrank ziehen lassen.

HONIG-CHILI-MARINADE

Für die Marinade die Kräuter hacken, die Chilischoten in feine Ringe schneiden, das Mark der Vanilleschote auskratzen und alles zusammen mit den restlichen Zutaten verrühren.

Das Grillgut damit marinieren und mindestens 2 Stunden, am besten aber über Nacht, im Kühlschrank ziehen lassen.

Diese Marinade verleiht Fisch, Fleisch oder auch Gemüse ein besonderes Aroma.

Basilikum-Malfatti

MIT RICOTTA UND SALBEIBUTTER

{ 4 Portionen }

1 kleine Zwiebel

1 Knoblauchzehe

2 EL Olivenöl

ca. 100 g Basilikum

250 g Ricotta

2 Eier

2 Eigelbe

250 g Semola-Mehl

100 g geriebener Parmesan

Salz, Pfeffer

Muskatnuss

100 g Butter

Salbeiblätter

1 EL Paniermehl oder
gemahlene Nüsse

Parmesan zum Garnieren

Zu Beginn die Zwiebel und den Knoblauch pellen und in feine Würfel schneiden. In etwas Olivenöl glasig dünsten, den Basilikum unterrühren und abkühlen lassen.

Den Basilikum mit 2 Esslöffeln Ricotta pürieren, dann den restlichen Ricotta zugeben. Die Eier und die Eigelbe sowie das Semola-Mehl unterrühren.

Mit geriebenem Parmesan, Salz, Pfeffer und etwas geriebener Muskatnuss abschmecken. Die Masse 15 Minuten ruhen lassen.

Für die Malfatti den Teig mit zwei Esslöffeln zu Nocken abstechen und direkt in siedendes Salzwasser geben. Etwa 5 Minuten köcheln lassen, bis sie an der Oberfläche schwimmen.

In der Zwischenzeit die Butter in einer Pfanne aufschäumen lassen, ein paar Salbeiblätter dazugeben und die Butter bräunen. Dann mit etwas Paniermehl oder gemahlenen Nüssen binden und vom Herd nehmen.

Die fertigen Malfatti vorsichtig in der Butter schwenken und mit weiterem frisch geriebenem Parmesan servieren.

KÜCHENTIPP

Die Malfatti gelingen auch mit anderen Kräutern (z. B. Bärlauch), Spinat oder auch Rucola.

Bärlauch-Ravioli

MIT ZIEGENKÄSE

{ 4 Portionen }

TEIG
200 g Semola-Mehl
(oder Mehl Type 405)

2 Eier

2 EL Olivenöl

2 EL Wasser

FÜLLUNG
100 g Bärlauch

250 g Ziegenfrischkäse

50 ml Olivenöl

1 TL Zucker

1 unbehandelte Zitrone

Salz, Pfeffer

Muskatnuss

ZUM GARNIEREN
2 EL Butter

2 EL geriebener Parmesan

Pfeffer

Schnittlauch

essbare Blüten oder Kresse

Für den Teig das Mehl mit den Eiern, Olivenöl und Wasser zu einem glatten, geschmeidigen Teig verkneten. Anschließend in Frischhaltefolie wickeln und mindestens 20 Minuten im Kühlschrank ruhen lassen.

Für die Füllung den Bärlauch gut waschen, von den Stielen zupfen und fein hacken. Zusammen mit dem Ziegenkäse und dem Olivenöl fein pürieren. Mit einer guten Prise Zucker, dem Abrieb einer Zitrone, Salz, Pfeffer und einem Hauch frisch geriebener Muskatnuss abschmecken.

Den Nudelteig mit einer Nudelmaschine oder einem Nudelholz zu dünnen Bahnen ausrollen. Eine Nudelbahn auf die bemehlte Arbeitsfläche legen. In gleichen Abständen je 1 Teelöffel Füllung auf der Nudelbahn verteilen. Die Zwischenräume mit etwas Wasser bestreichen. Die zweite Nudelbahn darüberlegen und die Zwischenräume um die Füllung herum fest andrücken. Ravioli ausstechen oder zurechtschneiden.

Die Ravioli in reichlich Salzwasser 5 Minuten kochen, abgießen und in einer Pfanne zusammen mit der Butter und dem Parmesan schwenken. Etwas frisch gemahlenen Pfeffer zugeben und mit Schnittlauch und essbaren Blüten oder Kresse servieren.

KÜCHENTIPPS

Den Bärlauch könnt ihr auch gut durch andere Kräuter oder Spinat ersetzen.

Und wer keinen Ziegenkäse mag, nimmt einfach einen anderen Frischkäse seiner Wahl.

Gemüse

Probieren geht über studieren! Eigentlich kann man jedes Gemüse in einem ausreichend großen Topf anbauen. Für ein überschaubares Platzangebot gibt es jedoch einige Sorten, die durch ihre Eigenschaften besonders gut für den Anbau auf dem Balkon geeignet sind. Welche das sind und was ihr aus ihnen kulinarisch machen könnt, erfahrt ihr auf den nächsten Seiten.

MANGOLD
Beta vulgaris var. *cicla*

Standort: sonnig bis halbschattig
Wuchsform/-höhe: aufrecht, bis 30 cm
Kultur: einjährig
Vermehrung: Aussaat April bis Juni im Freien
Ernte: Juni bis August
Pflege: mittlerer Wasserbedarf, mittlerer Nährstoffbedarf

Wenn die Stiele einzeln geschnitten und die Herzblätter nicht beschädigt werden, lässt er sich lange ernten und wächst immer wieder nach. Die bunte Mischung 'Bright Lights' bringt Farbe auf den Balkon und den Teller.

GEMEINER RHABARBER
Rheum rhabarbarum

Standort: sonnig
Wuchsform/-höhe: aufrecht, 50 bis 100 cm
Kultur: mehrjährig, winterhart
Vermehrung: Teilen im Herbst
Ernte: April bis Juni
Pflege: hoher Wasserbedarf, hoher Nährstoffbedarf

Wie beim Spargel endet die Ernte des Rhabarbers jedes Jahr am 24. Juni. Damit die Pflanze sich regenerieren kann, sollten die Stängel nach dem Stichtag nicht mehr geerntet werden. Dieses sehr ausladend wachsende Stielgemüse braucht viel Platz und einen Topf mit einem Volumen von mindestens 40 Litern.

ÄHRIGER ERDBEERSPINAT
Chenopodium capitatum

Standort: sonnig bis halbschattig
Wuchsform/höhe: buschig, 20 bis 60 cm
Kultur: einjährig
Vermehrung: Aussaat April bis Juli direkt im Freien
Ernte: Juni bis Oktober
Pflege: mittlerer Wasserbedarf, mittlerer Nährstoffbedarf

In der Küche werden seine Blätter wie die von Echtem Spinat *(Spinacia oleracea)* verwendet. In den Blattachsen wachsen rote Früchte heran, die optisch an Erdbeeren erinnern, mit ihrem eher nussigen Geschmack aber nichts mit den süßen Früchten gemeinsam haben.

TOMATE
Lycopersicon esculentum

Standort: sonnig
Wuchsform/höhe: aufrecht
Kultur: einjährig
Vermehrung: Aussaat ab März auf der Fensterbank
Ernte: Juli bis September
Pflege: hoher Wasserbedarf, hoher Nährstoffbedarf

Für den Anbau in Kübeln besonders gut geeignet sind Strauch- oder Buschtomaten, da sie kompakt wachsen. Das Besondere an ihnen ist, dass diese zwergwüchsigen Pflanzen nicht ausgegeizt werden müssen. Unter ihnen gibt es auch eine Auswahl an gemusterten und bunten Sorten.

GURKE
Cucumis sativus

Standort: sonnig
Wuchsform/-höhe: rankend, 70 bis 100 cm
Kultur: einjährig
Vermehrung: Aussaat ab April auf der Fensterbank
Ernte: ab Juli
Pflege: hoher Wasserbedarf, hoher Nährstoffbedarf

Gurken benötigen viel Wärme und Licht sowie einen windgeschützten Standort. Für den Topf gibt es Snack- oder Minigurken, die zudem keine oder nur wenige Kerne haben und besonders aromatisch schmecken.

RADIESCHEN
Raphanus sativus var. *sativus*

Standort: sonnig
Wuchsform/-höhe: aufrecht, 15 bis 20 cm
Vermehrung: Aussaat ab März direkt im Freien
Kultur: einjährig
Ernte: ab Mitte April
Pflege: mittlerer Wasserbedarf, mittlerer Nährstoffbedarf

Die einzelnen Pflanzen benötigen ausreichend Platz, um dicke Knollen auszubilden. Deshalb muss die Saat nach der Keimung ausgedünnt werden. Die zarten Pflänzchen sind schon die erste Ernte: Die Keimlinge bringen eine schöne Würze in den Salat.

PAPRIKA
Capsicum annuum

Standort: sonnig
Wuchsform/-höhe: aufrecht, 30 bis 50 cm
Kultur: einjährig
Vermehrung: Aussaat ab Februar auf der Fensterbank
Ernte: bis Oktober
Pflege: mittlerer Wasserbedarf, hoher Nährstoffbedarf

Als Gewürzpaprika gehören Peperoni und Chili ebenfalls zu der Gattung *Capsicum*. Alle Sorten benötigen viel Wärme, daher stellt man sie am besten an einen sonnigen und geschützten Platz an der Hauswand.

ZUCCHINI
Cucurbita pepo

Standort: sonnig
Wuchsform/-höhe: buschig, bis 50 cm
Kultur: einjährig
Vermehrung: Aussaat ab April auf der Fensterbank
Ernte: ab Mitte Juni bis September
Pflege: hoher Wasserbedarf, hoher Nährstoffbedarf

Wenn die Früchte 10 bis 15 cm lang bzw. etwa daumendick sind, schmecken sie am besten. Die Früchte werden dabei mit einem Messer abgeschnitten, keinesfalls abgebrochen. Eine regelmäßige Ernte regt die Pflanze zu neuer Blüten- und Fruchtbildung an.

KOHLRABI
Brassica oleracea var. *gongylodes*

Standort: sonnig bis halbschattig
Wuchsform/-höhe: aufrecht, 40 bis 60 cm
Kultur: einjährig
Vermehrung: Aussaat ab April direkt im Freien
Ernte: Mai bis Oktober
Pflege: mittlerer Wasserbedarf, mittlerer Nährstoffbedarf

Es gibt nicht nur grüne und weiße Pflanzen sondern auch violette wie die Sorte 'Azur Star'. Damit sie nicht platzen, muss regelmäßig gegossen werden. Haben die Knollen die Größe eines Tennisballs erreicht, sollten sie geerntet werden.

BUSCHBOHNE
Phaseolus vulgaris

Standort: sonnig bis halbschattig
Wuchsform/-höhe: buschig, 30 bis 40 cm
Kultur: einjährig
Vermehrung: Aussaat ab Mai direkt im Freien
Ernte: Juli bis Oktober
Pflege: geringer Wasserbedarf, geringer Nährstoffbedarf

Da diese Arten nicht ranken, benötigen sie keine Kletterhilfe und lassen sich gut in Kübeln kultivieren. Unter ihnen gibt es gelbhülsige Wachsbohnen oder rötliche Buschbohnen, die durch ihre Farbe jeden Bohnensalat bunter machen.

PFLÜCKSALAT
Lactuca sativa

Standort: sonnig bis halbschattig
Wuchsform/-höhe: aufrecht, 15 bis 20 cm
Kultur: einjährig
Vermehrung: Aussaat ab April direkt im Freien
Ernte: Mai bis Oktober
Pflege: mittlerer Wasserbedarf, geringer Nährstoffbedarf

Anders als Kopfsalat bildet er eine lose Rosette aus, von der einzelne Blätter geerntet werden können. Auch hier gilt: Erntet man nur die äußeren Blätter, wächst er von innen nach. Die bekanntesten Sorten sind 'Lollo rosso' und 'Lollo bionda'.

BLUTAMPFER
Rumex sanguineus

Standort: sonnig bis halbschattig
Wuchsform/-höhe: aufrecht, 20 bis 40 cm
Kultur: mehrjährig, winterhart
Vermehrung: Aussaat ab April direkt im Freien, Teilen im Frühjahr
Ernte: ab Mitte Mai
Pflege: hoher Wasserbedarf, mittlerer Nährstoffbedarf

Den Reiz bei diesem Kraut machen die roten Blattadern aus. Am besten im Salat schmecken die zarten, jungen Blätter.

Rhabarber-Chutney

MIT GRATINIERTEM ZIEGENKÄSE

{ 4 Portionen }

RHABARBER-CHUTNEY

500 g Rhabarber
250 ml Apfelsaft
½ Vanilleschote
1 Schalotte
1 EL Olivenöl
5 EL Zucker
4 EL Apfelessig
1 Prise Salz
2 EL Honig

ZIEGENKÄSE

200 g Ziegenkäserolle
4–6 Zweige Thymian
4 EL Honig

ZUM SERVIEREN

geröstetes Vollkornbrot

Den Rhabarber putzen, schälen und in kleine Stücke schneiden.

Die Rhabarberschalen mit dem Apfelsaft sowie dem Mark der halben Vanilleschote aufkochen und 15 Minuten ziehen lassen. Den Saft in eine Schüssel abseihen und die Schalen gut ausdrücken.

Die Schalotte in feine Würfel schneiden und in dem Olivenöl kurz dünsten. Den Zucker und die Hälfte der Rhabarberstücke zugeben und kurz durchschwenken. Mit dem Essig sowie dem verfeinerten Apfelsaft ablöschen und alles 10 Minuten einkochen lassen. Dann die andere Hälfte des Rhabarbers zugeben und weitere 5 Minuten köcheln lassen. Vom Herd nehmen und mit etwas Salz und dem Honig abschmecken.

Den Ziegenkäse in gleich große, dicke Scheiben schneiden, mit frischen Thymianblättern bestreuen und mit Honig beträufeln. Im Ofen bei 250 °C Grillfunktion etwa 5 Minuten gratinieren.

Den gratinierten Ziegenkäse mit dem Rhabarber-Chutney und geröstetem Brot servieren.

KÜCHENTIPP

Das Chutney schmeckt auch zu anderem würzigen Käse sowie Fisch oder Fleisch.

Erdbeerspinat

MIT GEDÄMPFTEM LACHS UND BUTTERKARTOFFELN

{ 4 Portionen }

ERDBEERSPINAT

600 g Erdbeerspinat
samt Beeren (kann mit
Blattspinat ergänzt werden)

1 rote Zwiebel

1 Knoblauchzehe

1 EL Butter

1 Prise Zucker

100 ml Weißwein

Salz, Pfeffer

Muskatnuss

GEDÄMPFTER LACHS

600 g Lachsfilet ohne Haut

Salz, Peffer

einige Chiliflocken

4 TL Sesamöl

1 TL Sesamsaat

1 unbehandelte Zitrone

1 Handvoll Kräuter (Thymian,
Estragon, Koriander)

BUTTERKARTOFFELN

500 g kleine Kartoffeln

Salz

100 g Butter

2 EL Paniermehl

AUSSERDEM

Bambusdämpfer

Zu Beginn die Kartoffeln schälen und in Salzwasser etwa 25 Minuten gar kochen.

In der Zwischenzeit den Lachs portionieren, mit Salz, Pfeffer und einigen Chiliflocken würzen. Mit Sesamöl beträufeln und etwas Sesamsaat darüberstreuen.

In einem Topf einen halben Liter Wasser mit Zitronenscheiben und den Kräutern aufkochen und die Hitze so weit reduzieren, bis es nur ganz leicht dampft. Den Topf mit einem Bambusdämpfer versehen und den Lachs darin etwa 12 Minuten glasig dämpfen.

In der Zwischenzeit den Spinat vom Strunk befreien und die Beeren separat sammeln.

Die rote Zwiebel und den Knoblauch pellen und in sehr feine Streifen schneiden. In der Butter mit einer Prise Zucker dünsten, die Spinatblätter zugeben und mit dem Weißwein ablöschen. Den Spinat in sich zusammenfallen lassen und dann die Beeren zugeben. Mit Salz, Pfeffer und frischer Muskatnuss abschmecken.

Für die Butterkartoffeln die Butter in einer großen Pfanne aufschäumen lassen, die gekochten Kartoffeln zugeben und zusammen mit dem Paniermehl durchschwenken.

Den Spinat mit dem Lachs und den Butterkartoffeln heiß servieren.

KÜCHENTIPP
Dazu passt eine leckere Champagner-Senf-Soße (siehe Seite 164).

Mangoldgemüse

MIT GRAUBROTKNÖDELN

{ 4 Portionen }

GRAUBROTKNÖDEL

300 g Graubrot

3 EL Olivenöl

1 Schalotte

1 Knoblauchzehe

1 EL Butter zum Andünsten

200 ml Milch

3 Eier

Salz, Pfeffer

Muskatnuss

2 EL Petersilie

2 EL Butter zum Braten

MANGOLDGEMÜSE

1 Schalotte

1 Knoblauchzehe

2 cl Olivenöl

600 g Mangold

100 ml Gemüsebrühe

150 g Crème fraîche

Salz, Pfeffer

Muskatnuss

1 EL Dijonsenf

ZUM GARNIEREN

Schnittlauch

Kapuzinerkresse

essbare Blüten

Für die Knödel das Brot in Würfel schneiden und mit dem Olivenöl in einer Pfanne anrösten. Die Schalotte und die Knoblauchzehe pellen, in feine Würfel schneiden und in der Butter andünsten. Mit der Milch aufgießen, aufkochen und vom Herd nehmen.

Zwei Drittel von dem gerösteten Brot dazugeben und aufquellen lassen. Die Eier unterrühren. Mit Salz, Pfeffer und frisch geriebener Muskatnuss abschmecken. Zum Schluss die restlichen Brotwürfel und die gehackte Petersilie unterheben.

Mithilfe von Frischhalte- sowie Aluminiumfolie aus der Brotmasse zwei bis drei gleich große Rollen formen; die Enden fest zusammendrehen und in siedendem Wasser 20 Minuten gar ziehen lassen. Anschließend die Knödelrollen aus dem Wasser nehmen und etwas abkühlen lassen.

Für das Mangoldgemüse die Schalotte und den Knoblauch pellen, in feine Würfel schneiden und in Olivenöl anbraten. Den Mangold in mundgerechte Stücke schneiden und zugeben. Mit Gemüsebrühe ablöschen und die Crème fraîche unterrühren. 5 Minuten einkochen lassen; dabei gelegentlich umrühren und mit Salz, Pfeffer, Muskatnuss sowie Dijonsenf abschmecken.

Die Knödel auswickeln, in daumendicke Scheiben schneiden und in 2 Esslöffeln Butter anbraten. Zusammen mit dem Mangoldgemüse, Schnittlauch, Kapuzinerkresse und einigen essbaren Blüten servieren.

Mangoldrouladen

MIT MISOSUPPE

{ 4 Portionen }

MANGOLDROULADEN

12–16 große Mangoldblätter

300 g Hackfleisch, gemischt

½ TL Zitronengraspaste

1 TL Sambal Oelek

4 EL Sojasoße

1 Spritzer Fischsoße

1 kleine Knolle Ingwer

Salz, Pfeffer

2 Stangen Frühlingslauch

2 EL Korianderblätter

1 Ei

2–4 EL Paniermehl

2–4 EL Keimöl

250 ml Wasser

MISOSUPPE

1 l Gemüsebrühe oder Wasser

15 g Kombu-Seetang

2 EL Misopaste

50 g Shiitake-Pilze

Salz, Pfeffer

ZUM GARNIEREN

2 EL Bonito-Flocken

2 Stangen Frühlingslauch

1 EL Korianderblätter

Für die Rouladen die Mangoldblätter blanchieren und in Eiswasser abkühlen lassen. Das Hackfleisch mit der Zitronengraspaste, dem Sambal Oelek, der Sojasoße sowie einem Spritzer Fischsoße verrühren und mit etwas frisch geriebenem Ingwer sowie Salz und Pfeffer abschmecken. Anschließend mit fein gehacktem Frühlingslauch und Koriander verfeinern. Mit dem Ei gut verkneten und gegebenenfalls mit dem Paniermehl wieder binden.

Die Hackfleischfüllung gleichmäßig auf die Mangoldblätter verteilen, die Seiten einschlagen und fest einrollen. Mit einem Zahnstocher fixieren, in Keimöl von allen Seiten anbraten, mit dem Wasser ablöschen und zugedeckt 8–10 Minuten garen.

Für die Misosuppe die Gemüsebrühe mit dem Kombu-Seetang sowie der Misopaste aufkochen und etwa 10 Minuten ziehen lassen. Die Suppe durch ein Haarsieb passieren. Die Shiitake-Pilze anbraten, mit der Misosuppe aufkochen und mit Salz und Pfeffer abschmecken.

Zum Servieren die Mangoldrouladen mit der Misosuppe aufgießen und mit den Bonito-Flocken sowie fein geschnittenem Frühlingslauch und Korianderblättern bestreuen.

Zucchiniwaffeln

MIT KRÄUTERQUARK UND NÜSSEN

{ ergibt ca. 12 Waffeln }

ZUCCHINIWAFFELN

1 kg Zucchini

1 EL Salz

2 Eier

1 EL Olivenöl

100 g Vollkornmehl

60 g Haferflocken

1 TL Backpulver

4 Stangen Frühlingslauch

100 g Walnusskerne

½ Bund Petersilie

½ unbehandelte Zitrone

Salz, Pfeffer

Muskatnuss

KRÄUTERQUARK

1 Bund weiche Kräuter
(z. B. Petersilie, Kerbel,
Schnittlauch, Estragon)

1 Knoblauchzehe

250 g Speisequark

2 EL Olivenöl

½ unbehandelte Zitrone

1 Prise Kreuzkümmel

Salz, Pfeffer

ZUM GARNIEREN

geröstete Nüsse, nach
Belieben

frische Kräuter

Zu Beginn die Zucchini fein raspeln und mit dem Salz vermischen, 5 Minuten ziehen lassen. Anschließend die Zucchini sorgfältig ausdrücken und das Wasser abgießen.

Die Eier mit dem Olivenöl verquirlen und mit den Zucchiniraspeln vermengen. Mit dem Vollkornmehl, den Haferflocken und dem Backpulver zu einem Teig verrühren.

Den Frühlingslauch in feine Ringe schneiden und die Walnusskerne sowie die Petersilie fein hacken und zu dem Teig geben. Mit etwas Zitronenabrieb und dem Saft der halben Zitrone verfeinern. Mit Salz, Pfeffer und etwas frisch geriebener Muskatnuss abschmecken. Den Teig anschließend 15 Minuten quellen lassen.

Den Teig in ein belgisches Waffeleisen geben und bei mittlerer Hitze goldgelb backen.

Für den Kräuterquark die Kräuter und die gepellte Knoblauchzehe fein hacken und mit dem Quark sowie dem Olivenöl glatt rühren. Mit etwas Zitronensaft, Zitronenabrieb, Kreuzkümmel, Salz und Pfeffer abschmecken.

Die Zucchiniwaffeln zusammen mit dem Quark, gerösteten Nüssen und frisch gezupften Kräutern servieren. Warm schmecken die Waffeln am besten.

KÜCHENTIPP

Der Teig kann natürlich auch in der Pfanne ausgebacken werden.

Tomaten-Balsamico-Eis

MIT MOZZARELLA-SUGO

{4 Portionen}

TOMATEN-BALSAMICO-EIS

500 g reife Tomaten

1 Knoblauchzehe

2 EL Olivenöl

3 Zweige Thymian

2 EL heller Balsamico-Essig

50 g Invertzucker

100 g Glukosesirup

1 TL Salz

1 Spritzer Tabasco

MOZZARELLA-SUGO

250 g Büffelmozzarella

200 ml Sahne

1 EL heller Balsamico-Essig

Salz, Pfeffer

ZUM GARNIEREN

Basilikum-Pesto

Kirschtomaten

Kapern

Olivenöl

dunkler Balsamico-Essig

Basilikum

Für das Tomaten-Balsamico-Eis die Tomaten vom Strunk befreien und grob würfeln.

Die Knoblauchzehe pellen, in Scheiben schneiden und im Olivenöl dünsten. Die Tomatenwürfel und die frisch abgezupften Thymianblätter zugeben und kurz aufkochen.

Den Balsamico-Essig, den Invertzucker sowie den Glukosesirup unterrühren. Anschließend alles gut pürieren, durch ein feines Sieb geben und mit Salz und etwas Tabasco abschmecken. In der Eismaschine zu einem Eis gefrieren lassen.

Für den Mozzarella-Sugo den Büffelmozzarella abtropfen lassen und in kleine Stücke schneiden. Die Sahne einmal aufkochen, den Mozzarella unterrühren und fein pürieren. Mit dem Balsamico-Essig, Salz und Pfeffer abschmecken. Den Sugo im Kühlschrank abkühlen lassen.

Zum Servieren den Mozzarella-Sugo mit etwas Basilikum-Pesto auf einem Teller drapieren, das Tomaten-Balsamico-Eis dazugeben und einige Scheiben Kirschtomaten sowie Kapern anlegen. Zum Schluss mit etwas Olivenöl und dunklem Balsamico beträufeln und einige Basilikumblätter darüber verteilen.

KÜCHENTIPPS

Wer mag, kann einen Schuss Gin zum Sorbet geben. Der Büffelmozzarella ist hier entscheidend und kann nicht ersetzt werden.

Mit etwas geröstetem Brot als Erfrischung an heißen Sommertagen oder als Zwischengang servieren.

Gurken-Milcheis

MIT MINZE UND KARAMELLISIERTEM PUMPERNICKEL

{ 4 Portionen }

GURKEN-MILCHEIS
250 g Gurke
1 TL Salz
150 ml Sahne
110 g Glukosesirup
450 ml Milch
50 g Honig
1–2 unbehandelte Limetten
1 EL Minze

KARAMELLISIERTER PUMPERNICKEL
90 g Pumpernickel
30 g Butter
40 g Puderzucker

ZUM GARNIEREN
300 g Gurke
1 EL Olivenöl
1 Prise Zucker
1 Prise Salz
1 Handvoll Minze

Für das Gurken-Milcheis die Gurke fein reiben und mit dem Salz vermengen. 5 Minuten ziehen lassen und die Gurkenstücke gut ausdrücken.

Die Sahne leicht erwärmen und den Glukosesirup darin auflösen. Mit der Milch und dem Honig verrühren. Zum Schluss mit etwas Limettenabrieb sowie -saft abschmecken und fein gehackte Minze unterrühren. In der Eismaschine gefrieren lassen.

Den Pumpernickel klein bröseln und in schäumender Butter anbraten. Den Puderzucker zugeben und unter Rühren karamellisieren lassen. Die Brösel auf Backpapier auskühlen lassen.

Zum Servieren die Gurke durch einen Spiralschneider drehen, mit dem Olivenöl und jeweils einer Prise Salz und Zucker marinieren. Auf einen Teller oder in ein Glas geben, eine Kugel Eis portionieren und mit dem karamellisierten Pumpernickel und frisch gezupften Minzeblättern bestreuen.

KÜCHENTIPP

Das Gurken-Milcheis ist eine leckere Erfrischung und kann auch mit Buttermilch zubereitet werden.

Geeiste Gurkensuppe

MIT BUTTERMILCHSCHNEE UND KRESSE

{ 4 Portionen }

GEEISTE GURKENSUPPE

1 Schalotte

1 Knoblauchzehe

1 EL Olivenöl

1 Prise Zucker

500 g Gurken

250 g Joghurt, 10 % Fettgehalt

200 ml Buttermilch

150 ml Gemüsebrühe

1 EL Weißweinessig

100 g Gartenkresse

1 Stängel Liebstöckel

Salz, Pfeffer

BUTTERMILCHSCHNEE

500 g Buttermilch

1 EL Olivenöl

12 g Salz

1 TL Honig

1 Prise Cayennepfeffer

ZUM GARNIEREN

Olivenöl

Kresse

Für die geeiste Gurkensuppe die Schalotte und die Knoblauchzehe pellen, in Würfel schneiden, in etwas Olivenöl und einer Prise Zucker glasig dünsten.

Die Gurken in kleine Stücke schneiden und zusammen mit der Schalotte, dem Knoblauch sowie den restlichen Zutaten sehr fein pürieren. Mit Salz und Pfeffer abschmecken und durch ein feines Sieb geben. Anschließend einige Stunden kalt stellen oder im Gefrierfach kurz anfrieren.

Für den Buttermilchschnee die Buttermilch gut mit dem Olivenöl verrühren und mit Salz, Honig und einer Prise Cayennepfeffer abschmecken. In eine flache Auflaufform geben und einfrieren. Die gefrorene Buttermilch mithilfe einer Gabel zu Schnee kratzen.

Zum Servieren die kalte Gurkensuppe anrichten, Buttermilchschnee in die Mitte geben, mit ein wenig Olivenöl beträufeln und mit Kresse garnieren.

KÜCHENTIPPS

Besonders lecker mit ein paar Oliven und Fetakäse als Einlage.

Passend zur geeisten Gurkensuppe findet ihr bei den Grundrezepten eine Blätterteigstange (siehe Seite 169).

Buschbohnen gibt es mit grünen, gelben oder auch violetten Hülsen.

Das Rezept für diese sommerliche Pasta findet ihr auf Seite 102. ▸

Bohnen-Pasta

MIT PANCETTA UND MASCARPONE

{ 4 Portionen }

500 g Strozzapreti
500 g grüne Bohnen
2 rote Zwiebeln
50 g Pinienkerne
250 g Pancetta
1 Prise Zucker
200 g Gemüsebrühe
200 g Mascarpone
1 Handvoll Petersilie
5 Zweige Thymian
Salz, Pfeffer

Die Strozzapreti in reichlich Salzwasser al dente kochen.

Die grünen Bohnen putzen, halbieren und in Salzwasser kurz blanchieren. Die roten Zwiebeln pellen und in Spalten schneiden. Die Pinienkerne goldgelb rösten.

Die Pancetta in der Pfanne von beiden Seiten knusprig braten und auf Küchenkrepp abtropfen lassen. Die roten Zwiebeln in dem ausgelassenen Fett des Specks mit einer Prise Zucker anrösten, die Bohnen zugeben und mit der Gemüsebrühe aufkochen.

Nun die Pasta zugeben und den Mascarpone unterrühren.

Petersilien- und Thymianblätter von den Stielen zupfen, fein hacken und zu der Pasta geben. Mit Salz und Pfeffer abschmecken. Zum Schluss mit knuspriger Pancetta und den Pinienkernen servieren.

KÜCHENTIPPS ⟜

Wer mehr Zeit hat, kann anstatt der Strozzapreti selbst gemachte Pasta (siehe Seite 171) verwenden.

Vegetarier können den Speck durch Räuchertofu ersetzen.

Bohnensalat

MIT TOMATEN UND SENFDRESSING

{ 4 Portionen }

800 g grüne Bohnen

2 Schalotten

1 Knoblauchzehe

1 Chilischote

8 EL Olivenöl

1 TL Zucker

1 Zitrone

1 EL Senf

Salz, Pfeffer

2 Tomaten

4 Stangen Frühlingslauch

1 EL Kapern

1 Handvoll Kräuter
(Basilikum, Petersilie,
Estragon)

Die Bohnen in reichlich Salzwasser blanchieren und in eiskaltem Wasser abschrecken. Die Schalotten und die Knoblauchzehe pellen und in sehr feine Streifen schneiden. Die Chilischote längs halbieren, entkernen und ebenfalls in feine Streifen schneiden.

Die Schalotten- und Knoblauchstreifen in 2 Esslöffeln Olivenöl glasig dünsten, den Zucker und die Chilischote zugeben und durchschwenken. Zusammen mit dem Saft der Zitrone, dem restlichen Olivenöl sowie dem Senf zu einem Dressing verrühren. Kräftig mit Salz und Pfeffer abschmecken und mit den blanchierten Bohnen verrühren.

Anschließend die Tomaten vierteln und entkernen. Die Tomatenfilets in Würfel, den Frühlingslauch in feine Scheiben schneiden. Beides mit dem Bohnensalat vermengen, mit klein gehackten Kapern verfeinern und kurz ziehen lassen.

Zum Schluss die frisch gezupften Kräuterblätter zugeben und nochmals mit Salz und Pfeffer abschmecken.

KÜCHENTIPPS ⌒━━

Wer es deftiger mag, kann gerösteten Speck zugeben.

Dazu schmeckt eine frisch gebackene Focaccia (siehe Seite 169).

Radieschen-Tatar

MIT WÜRZIGEM MATJES

{ 4 Portionen }

RADIESCHEN-TATAR
400 g Radieschen
1 gehäufter TL Salz
1 rote Zwiebel
1 EL Olivenöl
1 Tomate
125 g Frischkäse
2 EL glatte Petersilie
Salz, Pfeffer

MATJES
½ rote Zwiebel
1 Knoblauchzehe
2 EL Weißweinessig
2 cl Calvados
1 TL grober Dijonsenf
1 Prise Zucker
6 EL Keimöl
2 EL glatte Petersilie
4 Matjes-Doppelfilets

ZUM GARNIEREN
Graubrot
Gartenkresse

Für das Radieschen-Tatar die Radieschen in kleine Würfel schneiden oder fein reiben, mit einem großzügigen Teelöffel Salz vermengen und 10 Minuten ziehen lassen. Anschließend gut abtropfen lassen.

Die rote Zwiebel pellen, in feine Würfel schneiden und in etwas Olivenöl glasig dünsten. Die Tomate vierteln und entkernen; die Tomatenfilets in feine Würfel schneiden.

Die Radieschen mit den Zwiebeln, Tomatenwürfeln und dem Frischkäse verrühren und mit fein gehackter Petersilie verfeinern. Mit etwas Salz und Pfeffer abschmecken.

Für den Matjes die rote Zwiebel und die Knoblauchzehe pellen und in feine Würfel schneiden. Beides mit dem Weißweinessig, dem Calvados, dem Senf, einer Prise Zucker sowie dem Keimöl zu einer Marinade verrühren und die gehackte Petersilie zugeben. Den Matjes in der Marinade mindestens 30 Minuten einlegen.

Zum Schluss den marinierten Matjes mit dem Radieschen-Tatar, etwas Graubrot und Gartenkresse servieren.

KÜCHENTIPPS

Das Radieschen-Tatar kann gerne mit etwas Chili aufgepeppt werden und hält sich einige Tage im Kühlschrank.

Der Matjes entfaltet mehr Aroma, wenn er auf Zimmertemperatur temperiert wird.

Kohlrabi-Carpaccio

MIT HASELNÜSSEN, KRÄUTERSOSSE UND QUINOASALAT

{4 Portionen}

KOHLRABI-CARPACCIO

2–3 Kohlrabi

4 EL Olivenöl

1 unbehandelte Zitrone

1 Prise Zucker

Salz, Pfeffer

QUINOASALAT

150 g Quinoa

300 g Gemüsebrühe

Salz

1 Prise Kreuzkümmel

2 Tomaten

½ Gurke

2 Stangen Frühlingslauch

je 1 Handvoll Petersilie und Minze

½ unbehandelte Zitrone

4 EL Olivenöl

Pfeffer

KRÄUTERSOSSE

150 g Kräuter (Borretsch, Kerbel, Kresse, Petersilie, Pimpinelle, Sauerampfer, Schnittlauch)

100 g saure Sahne

100 g Joghurt, 10 % Fettgehalt

50 ml Milch

1 EL Dijonsenf

1 EL Zitronensaft

Salz, Pfeffer

1 Prise Kreuzkümmel

Für das Kohlrabi-Carpaccio den Kohlrabi schälen und in dünne Scheiben hobeln oder schneiden. Mit dem Olivenöl, dem Abrieb und dem Saft einer Zitrone, einer Prise Zucker und etwas Salz und Pfeffer marinieren.

Den Quinoa unter kaltem Wasser gut durchspülen. Die Gemüsebrühe mit etwas Salz und einer Prise Kreuzkümmel aufkochen lassen. Quinoa zugeben, zugedeckt bei kleiner Hitze etwa 15 Minuten gar köcheln und anschließend auskühlen lassen.

In der Zwischenzeit die Tomaten vierteln und entkernen. Die Gurke längs halbieren und mit einem Teelöffel das Kerngehäuse herauskratzen. Die Gurke und die Tomatenfilets in kleine Würfel, den Frühlingslauch in feine Scheiben schneiden. Die Kräuter fein hacken und mit dem Gemüse zu dem Quinoa geben. Mit etwas Zitronenabrieb, dem Saft der halben Zitrone sowie dem Olivenöl marinieren und mit Salz und Pfeffer abschmecken.

Für die Kräutersoße alle Zutaten miteinander fein pürieren und mit Salz, Pfeffer und einer Prise Kreuzkümmel abschmecken.

Die marinierten Kohlrabischeiben zusammen mit dem Quinoasalat auf einem Teller anrichten.

KÜCHENTIPPS

Vor dem Servieren kann das Carpaccio mit gehackten Haselnüssen, Rotem Hawaii-Salz, Kerbel, Petersilie und essbaren Blüten garniert werden.

Wer mag, kann die Kohlrabischeiben vor dem Marinieren mit runden Ausstechformen in verschiedenen Größen ausstechen.

Salat-Dressings

DREI VARIANTEN

{ergibt je ca. 250 ml}

HIMBEER-DRESSING

125 g Himbeeren

8 EL Orangensaft

2 EL Himbeeressig

1 EL Honig

1 TL Senf

5 EL Olivenöl

Salz, Pfeffer

KRÄUTER-JOGHURT-DRESSING

125 g Joghurt

4 EL Milch

2 EL Olivenöl

1 TL Abrieb und 1 EL Saft einer unbehandelten Zitrone

1 EL Honig

1 Handvoll Kräuter (Schnittlauch, Petersilie, Estragon)

Salz, Pfeffer

WALNUSS-DRESSING

1 Schalotte

1 Knoblauchzehe

100 ml Gemüsebrühe

je 1 EL Honig und Senf

5 EL heller Balsamico-Essig

100 ml Walnussöl

1 EL Walnusskerne

Salz, Pfeffer

Die Dressings sind schnell gemacht: Alle Zutaten miteinander verrühren, pürieren und mit Salz und Pfeffer abschmecken.

Für das Walnuss-Dressing vor dem Pürieren die Schalotte und den Knoblauch pellen, in Würfel schneiden und einmal kurz mit der Gemüsebrühe aufkochen.

KÜCHENTIPPS

Ein leckerer Salat ist mehr als nur eine Nullachtfünfzehn-Beilage: Serviert doch statt dem geschmacklosen Eisbergsalat einfach mal Blattsalate, Mangold, Rucola oder Senfsalat. Frische Kresse und Sprossen verleihen dem Ganzen ein nussiges Aroma. Eine knackige Nussmischung gibt ihm mehr Biss. Wer es herzhafter mag, nimmt Butter-Croûtons oder einen cremigen Ziegenkäse. Essbare Blüten machen den Salat zu einem echten Hingucker.

Paprikagemüse

MIT KAPERN UND WÜRZIGEM KÄSESTRUDEL

{ 4 Portionen }

PAPRIKAGEMÜSE

750 g Paprika

250 g reife Tomaten

2 rote Zwiebeln

1 Knoblauchzehe

2 EL Olivenöl

1 TL Zucker

1 TL Paprikapulver

1 Prise Salz

2 EL heller Balsamico-Essig

2 EL Kapern

5 Zweige Thymian

Salz, Pfeffer

1 Prise Cayennepfeffer

KÄSESTRUDEL

200 g Camembert

75 g Haselnusskerne

1 Handvoll Kräuter (Schnittlauch, Petersilie, Basilikum)

1 unbehandelte Limette

Pfeffer

4 Blätter Filoteig oder Strudelteig

Olivenöl

Basilikum

Für das Paprikagemüse die Paprikaschoten halbieren, entkernen und in mundgerechte Stücke schneiden. Die Tomaten vierteln und entkernen. Die Tomatenfilets grob würfeln. Die roten Zwiebeln und den Knoblauch pellen, in feine Streifen schneiden und zusammen mit dem Olivenöl glasig dünsten.

Die Paprikastücke zugeben und mit anbraten. Den Zucker, das Paprikapulver und etwas Salz zugeben, gut durchschwenken und mit dem Balsamico ablöschen. Die Tomatenfilets unterrühren und auf kleiner Hitze 15 Minuten schmoren lassen.

Anschließend die Kapern und frisch gezupfte Thymianblätter zugeben und mit Salz, Pfeffer und einer Prise Cayennepfeffer abschmecken.

Für den Käsestrudel den Camembert klein zupfen. Zusammen mit den Haselnüssen, einer Handvoll Kräuter, etwas Limettenabrieb und ein wenig Pfeffer zu einer Creme pürieren.

Die Teigblätter in der Mitte falten, jeweils ein Viertel Käsecreme auf das untere Drittel geben, die Seiten einschlagen und locker aufrollen. Die Rollen mit etwas Olivenöl bepinseln und bei kleiner Hitze jeweils 5 Minuten von jeder Seite goldgelb braten.

Zum Servieren den warmen Käsestrudel mit dem Paprikagemüse anrichten, mit etwas Olivenöl beträufeln und mit einigen Basilikumblättern garnieren.

KÜCHENTIPPS

Wer mag, gibt zu dem Paprikagemüse eine Handvoll Oliven.

Zu dem Käsestrudel serviert ihr am besten etwas Estragon-Aioli (siehe Rezept Seite 67).

Pikantes Paprika-Relish

MIT GEGRILLTEM T-BONE-STEAK

{ 4 Portionen }

PAPRIKA-RELISH

700 g Paprika

1 rote Zwiebel

1 Knoblauchzehe

½ Chilischote

2 EL Olivenöl

100 g brauner Zucker

150 g Apfelessig

2 Lorbeerblätter

1 Sternanis

Salz, Pfeffer

AUSSERDEM

4 T-Bone Steaks (jeweils ca. 3 cm dick)

Für das Paprika-Relish die Paprikaschoten entkernen, in feine Würfel schneiden und beiseitestellen. Die Zwiebel und die Knoblauchzehe pellen und fein hacken. Die Chilischote in feine Scheiben schneiden. Zusammen in dem Olivenöl glasig andünsten.

Den braunen Zucker zugeben und leicht karamellisieren lassen, dann die Paprikawürfel zugeben und mit dem Apfelessig ablöschen. Die Lorbeerblätter sowie den Sternanis unterrühren und 15 Minuten einkochen lassen. Zum Schluss mit Salz und Pfeffer abschmecken.

Das T-Bone Steak nach Belieben würzen oder marinieren. Auf dem Grill oder in der Pfanne etwa 5–7 Minuten von jeder Seite scharf anbraten und 10 Minuten im Backofen bei 62 °C ruhen lassen. (Die Kerntemperatur sollte 58–62 °C betragen.)

Das Steak mit dem lauwarmen Paprika-Relish anrichten.

KÜCHENTIPPS

Als Beilage Rosmarinkartoffeln (siehe Seite 171) servieren.

Kocht am besten gleich etwas mehr, denn das Relish kann zugedeckt bis zu zwei Wochen im Kühlschrank aufbewahrt werden.

Möhren-Tarte

MIT HONIG UND THYMIAN

{ für 1 eckige Tarteform,
ca. 29 x 20 cm }

TEIG
200 g Butter
300 g Vollkornmehl
1 TL Senf
1 Ei
1 Prise Salz
Abrieb einer unbehandelten
Limette

FÜLLUNG
6–8 Möhren
1 EL Butter
100 ml Apfelsaft
1–2 EL Honig
4 Zweige Thymian
250 g Schmand
1 Ei
50 g Bergkäse
1 EL Apfelessig
Salz, Pfeffer

AUSSERDEM
Honig
Thymian

Für den Teig die Butter in kleine Stück schneiden und mit den restlichen Zutaten rasch zu einem Teig verkneten. Daraus eine Kugel formen und abgedeckt 30 Minuten kalt stellen. Anschließend den Teig dünn ausrollen und die gefettete Tarteform damit auslegen.

Für die Füllung die Möhren schälen, längs halbieren und in der Butter bei kleiner Hitze anbraten. Mit dem Apfelsaft ablöschen und stark einkochen, bis keine Flüssigkeit mehr vorhanden ist. Zum Schluss mit 1–2 Esslöffeln Honig, frisch gezupfte Thymianblätter und etwas Salz abschmecken.

Den Backofen auf 200 °C Ober-/Unterhitze vorheizen.

Den Schmand mit dem Ei verrühren, fein geriebenen Bergkäse zugeben und mit Apfelessig, Salz und Pfeffer abschmecken. Den Schmand gleichmäßig auf dem Teig verteilen, die glasierten Möhren daraufgeben und im Ofen 30–40 Minuten goldgelb backen.

Vor dem Servieren kurz abkühlen lassen, mit etwas Honig beträufeln und einige Thymianblätter darüberstreuen.

KÜCHENTIPP

Besonders fruchtig wird die Tarte mit ein paar Apfelstückchen und einem kleinen Schuss Pernod.

Möhren-Anis-Stampf

MIT ERBSEN UND KANDIERTEM SPECK

{ 4 Portionen }

MÖHREN-ANIS-STAMPF
600 g Möhren
1 TL ganze Anissamen
100 g Butter
1 unbehandelte Orange
2 cl Pernod
Salz, Pfeffer

KANDIERTER SPECK
6 EL brauner Zucker
1 TL Cayennepfeffer
12 Scheiben geräucherter
Bauchspeck
1 EL Honig

ERBSEN
400 g frische Erbsen
1 EL Butter
2 cl Orangenlikör
50 g Crème fraîche
Salz, Pfeffer

ZUM GARNIEREN
4 Fingermöhren
2 EL Olivenöl
Salz, Pfeffer
4 Kapuzinerkresseblüten
Pimpernelle

Für den Möhren-Anis-Stampf die Möhren schälen und in Scheiben schneiden. In Salzwasser 20 Minuten weich kochen, abgießen und etwas ausdampfen lassen.

Anis im Mörser zerstoßen, zusammen mit der Butter in einem Topf aufschäumen lassen. Die gekochten Möhren zugeben und stampfen. Mit etwas Orangenabrieb, Pernod sowie Salz und Pfeffer abschmecken.

Für den kandierten Speck den braunen Zucker mit dem Cayennepfeffer vermischen und den Bauchspeck darin wenden, bis er gleichmäßig bedeckt ist. Auf einem Rost verteilen, mit etwas Honig beträufeln und im Ofen bei 160 °C Ober-/Unterhitze etwa 20 Minuten karamellisieren lassen. Nach der Hälfte der Backzeit den Speck wenden. Den Speck vor dem Servieren kurz auf einem Rost abkühlen lassen.

In der Zwischenzeit die Fingermöhren mit etwas Olivenöl, Salz und Pfeffer marinieren und für 15–20 Minuten in den Backofen zu dem Speck legen.

Die Erbsen in Salzwasser blanchieren, in der Butter kurz anbraten und mit dem Orangenlikör ablöschen. Mit Salz und Pfeffer abschmecken. Anschließend die Hälfte der Erbsen mit der Crème fraîche fein pürieren.

Zum Anrichten den Möhrenstampf sowie einen Klecks Erbsenpüree auf den Teller geben, den Speck an den Möhrenstampf legen, einige Erbsen darüberstreuen und mit je einer Fingermöhre, einer Kapuzinerkresseblüte und etwas Pimpernelle garnieren.

KÜCHENTIPPS

In die unter dem Rost liegende Schiene ein mit Backpapier ausgelegtes Blech schieben, damit Fett und Zucker nicht in den Ofen tropfen können.

Die dazugehörige Rezeptabbildung findet ihr auf dem Cover.

Kartoffelkuchen

MIT CREMIGEM PILZRAGOUT

{für 1 Kastenform, 20 cm}

KARTOFFELKUCHEN

1 kg Kartoffeln, mehlig-
kochend

1 Zwiebel

1 Knoblauchzehe

1 EL Butter

2 Zweige Rosmarin

3 Eier

150 ml Sahne

1 Handvoll Petersilie

Salz, Pfeffer

Muskatnuss

PILZRAGOUT

500 g Pilze (z. B. Kräuterseit-
linge, Steinpilze, Pfifferlinge)

1 rote Zwiebeln

1 Knoblauchzehe

4 EL Olivenöl

50 ml Weißwein

1 cl Cognac

150 g Crème fraîche

Salz, Pfeffer

½ EL Zitronensaft

1 kleines Bund Schnittlauch

ZUM GARNIEREN

1–2 EL Butterschmalz

essbare Blüten

Petersilie

Die Kartoffeln schälen und 350 g davon in Salzwasser etwa 25 Minuten weich kochen, abgießen und gut ausdampfen lassen. Anschließend durch eine Kartoffelpresse drücken. In der Zwischenzeit die restlichen Kartoffeln fein reiben und mit den Händen gut ausdrücken.

Den Backofen auf 160 °C Umluft vorheizen.

Die Zwiebel und die Knoblauchzehe pellen, in kleine Würfel schneiden, in der Butter andünsten und fein gehackten Rosmarin zugeben. Die Eier mit der Sahne verrühren, die Zwiebeln sowie die gekochten und die geriebenen Kartoffeln zugeben. Frisch gehackte Petersilie unterrühren und mit Salz, Pfeffer sowie etwas Muskatnuss abschmecken.

Den Kartoffelteig in eine gefettete, mehlierte Kastenform geben und im vorgeheizten Ofen etwa 1 Stunde goldgelb backen. Den Kartoffelkuchen abkühlen lassen, in Scheiben schneiden und vor dem Servieren von beiden Seiten in Butterschmalz anbraten.

Für das Pilzragout die Pilze in mundgerechte Stücke, die Zwiebel und den Knoblauch pellen und in feine Streifen schneiden. Die Pilze in dem Olivenöl und einer Prise Salz scharf anbraten. Die Zwiebeln und den Knoblauch zugeben und kurz mitschwenken. Mit dem Weißwein und dem Cognac ablöschen, Crème fraîche dazugeben und kurz aufkochen lassen. Mit Salz, Pfeffer und etwas Zitronensaft abschmecken. Zum Schluss mit klein geschnittenem Schnittlauch verfeinern.

Den Kartoffelkuchen zusammen mit dem Pilzragout anrichten und mit essbaren Blüten und frisch gezupfter Petersilie garnieren.

KÜCHENTIPPS ☕

Der Kartoffelkuchen lässt sich bereits am Vortag gut vorbereiten.

Wer mag, kann den Kuchen mit gerösteten Nüssen, Speck oder auch Räuchertofu verfeinern.

Kartoffel-Piroggen

MIT ZITRONEN-SAUERRAHM UND ROTE-BETE-KREN

{ 4 Portionen }

TEIG

75 ml Milch

1 EL Butter

½ Würfel Hefe

125 g Dinkel-Vollkornmehl

125 g Weizenmehl

1 Ei

je 1 Prise Salz und Zucker

Butterschmalz

FÜLLUNG

350 g Kartoffeln

50 g Butter

1 Handvoll Kräuter
(Petersilie, Schnittlauch,
Schnittknoblauch)

Salz, Pfeffer

Muskatnuss

ZITRONEN-SAUERRAHM

150 g saure Sahne

½ Zitrone

1 EL Olivenöl

1 TL Honig

Salz, Pfeffer

ROTE-BETE-KREN

250 g Rote Bete

50 g Tafel-Meerrettich, scharf

je 1 TL Honig und Olivenöl

1 Fl Zitronensaft

Salz, Pfeffer

Für den Teig die Milch lauwarm erhitzen, die Butter darin auflösen und die Hefe zugeben. Zusammen mit den restlichen Zutaten (außer dem Butterschmalz) zu einem Teig verkneten. Mindestens 45 Minuten an einem warmen Ort gehen lassen.

In der Zwischenzeit die Kartoffeln schälen und in Salzwasser weich kochen, abgießen und ausdampfen lassen. Die Butter dazugeben und zerstampfen. Mit fein gehackten Kräutern verrühren und mit Salz, Pfeffer und etwas Muskatnuss abschmecken.

Den Teig auf einer bemehlten Arbeitsfläche dünn ausrollen und rund ausstechen (etwa 8 cm Durchmesser). Einen guten Teelöffel Füllung auf den Teig geben, die Ränder mit etwas Wasser befeuchten und zusammenklappen. Die Ränder gut andrücken, sodass diese beim Kochen nicht aufgehen. Die Piroggen in Salzwasser etwa 3–5 Minuten kochen und gut abtropfen lassen. Sofort servieren oder noch in Butterschmalz goldgelb ausbacken.

Für den Zitronen-Sauerrahm alle Zutaten miteinander verrühren und mit Salz und Pfeffer abschmecken.

Für den Rote-Bete-Kren die Roten Beten schälen, in Alufolie einwickeln und im Ofen bei 160 °C Ober-/Unterhitze etwa 90 Minuten weich garen. Zusammen mit den restlichen Zutaten pürieren, mit etwas Zitronensaft, Salz und Pfeffer abschmecken.

Die gebackenen Piroggen mit Kapuzinerkresse und essbaren Blüten garnieren und zusammen mit den zwei Dips servieren.

KÜCHENTIPP ✎⟶

Die Füllung der Piroggen kann man beliebig variieren. Lecker ist z. B. eine Pilzfüllung oder Sauerkraut mit Apfel.

Ab April kann Rote Bete direkt im Freien ausgesät werden. Am besten gedeihen sie an einem sonnigen Platz.

◄ Borschtsch ist ein echter Klassiker der osteuropäischen Küche. Die Rote Bete verleiht dem Gericht eine intensive Farbe und einen herrlich aromatischen Geschmack. Rezept auf Seite 122.

Borschtsch

MIT ROTE BETE UND DILL

{ 4 Portionen }

500 g Rinderbrust

1 EL Keimöl

2 Zwiebeln

2 l helle Fleischbrühe

1 EL Salz

1 TL Zucker

4 Pimentkörner

4 Nelken

2 Lorbeerblätter

1 Muskatblüte

250 g Weißkohl

1 Möhre

½ Stange Porree

1 Stange Staudensellerie

1 Paprika

2 Tomaten

2 Knollen Rote Bete

1 Zwiebel

1 Apfel

2 große Kartoffeln

1 EL Butter

4 EL Apfelessig

1 EL Honig

Salz, Pfeffer

1 Zitrone

Petersilie, Dill

saure Sahne

Zu Beginn die Rinderbrust von allen Seiten in dem Keimöl scharf anbraten, die Zwiebeln pellen, vierteln und mit anrösten. Mit der Fleischbrühe auffüllen, das Salz und den Zucker zugeben. Einen Teebeutel mit den Gewürzen füllen und zu dem Fleisch geben. Etwa 90 Minuten köcheln lassen, bis das Fleisch gar ist; es sollte sich leicht von der Fleischgabel lösen. Anschließend das Fleisch herausnehmen und beiseitestellen. Die Zwiebeln und den Gewürzbeutel mit der Schöpfkelle herausnehmen und entsorgen.

In der Zwischenzeit das Gemüse und den Apfel in feine Streifen schneiden. Die Kartoffeln schälen und würfeln.

Die Kartoffeln in die Brühe geben und bissfest garen. Dann den Weißkohl dazugeben.

Die Rote Bete mit der Butter in einer großen Pfanne andünsten, Zwiebeln sowie die Apfelstreifen dazugeben und mit dem Apfelessig und dem Honig verfeinern. Das restliche Gemüse dazuschütten und 5 Minuten mitdünsten.

Anschließend das Gemüse in die Brühe geben, kurz aufkochen und mit Salz, Pfeffer sowie dem Saft der Zitrone abschmecken.

Das Suppenfleisch in Würfel schneiden und zugeben.

Den Borschtsch zusammen mit gehackter Petersilie und Dill garnieren und mit saurer Sahne servieren.

KÜCHENTIPPS

Der Borschtsch ist ein deftiger Eintopf und eignet sich ideal zur Resteverwertung von übrig gebliebenem Gemüse.

Die helle Fleischbrühe könnt ihr auch selber machen. Das passende Rezept dafür findet ihr auf Seite 163.

Rote-Bete-Curry

MIT KOKOSMILCH UND KICHERERBSEN

{4 Portionen}

CURRY
500 g Rote Bete
1 EL Kokosöl
1 rote Zwiebel
1 Knoblauchzehe
1 EL rote Curry-Paste
200 ml Gemüsebrühe
100 ml Apfelsaft
600 ml Kokosmilch
2 Kartoffeln
1 Stange Zimt
1 Sternanis
2 Kaffir-Limettenblätter
1 Stange Zitronengras
Salz
1 Möhre
1 Stange Staudensellerie
1 kleine Dose Kichererbsen
Pfeffer
1 walnussgroßes Stück Ingwer
1 Limette

ZUM GARNIEREN
1 Handvoll Dill, Petersilie, Koriandergrün
100 g Cashewkerne

Zu Beginn die Roten Beten schälen, in kleine Stücke schneiden und in einem Topf mit dem Kokosöl 5 Minuten anrösten.

Die Zwiebel und den Knoblauch pellen, in feine Streifen schneiden und kurz mit anrösten. Die Curry-Paste unterrühren. Alles mit der Brühe und dem Apfelsaft ablöschen und mit der Kokosmilch auffüllen. Etwa 30 Minuten köcheln lassen.

Nun die Kartoffeln schälen und würfeln. Zusammen mit den Gewürzen, den Limettenblättern, dem Zitronengras und etwas Salz zugeben und weitere 15 Minuten garen.

Zum Schluss die Möhre und den Staudensellerie klein schneiden und mit den abgetropften Kichererbsen zu dem Curry geben. Weitere 7 Minuten köcheln und mit Salz, Pfeffer sowie etwas Ingwerabrieb und Limettensaft abschmecken.

Zum Servieren mit den Kräutern verfeinern und mit gerösteten Cashewkernen bestreuen.

KÜCHENTIPPS

Zu diesem Curry passt ein duftender Jasminreis.

Die Schärfe variiert je nach verwendeter Currypaste. Serviert ihr zum Curry etwas Joghurt, wird die Schärfe gemildert.

Kürbis-Burger

MIT APFEL UND SÜSSEM SENF

{ 4 Portionen }

KÜRBIS-PATTY

250 g Kürbis

1 TL Honig

1 EL Apfelessig

1 Eigelb

25 g geriebener Parmesan

40 g zarte Haferflocken

2 EL Paniermehl

1 kleine Knolle Ingwer

Cayennepfeffer

Muskatnuss

Salz, Pfeffer

Olivenöl

HONIG-APFEL

1 Apfel

1 EL Butter

1 rote Zwiebeln

2 Zweige Thymian

1 EL Honig

JOGHURT

100 g Joghurt

1 unbehandelte Limette

1 Prise Cumin

Salz, Pfeffer

ZUM ANRICHTEN

4 Hamburgerbrötchen

süßer Senf

Rucola, Petersilie,
Koriandergrün

Für das Kürbis-Patty den Kürbis schälen, halbieren und entkernen. Den Kürbis in walnussgroße Stücke schneiden und im Ofen bei 180 °C Umluft in 30 Minuten weich backen. Den Kürbis pürieren und mit Honig, Apfelessig, Eigelb, Parmesan, Haferflocken und Paniermehl vermengen. Mit etwas fein geriebenem Ingwer, Cayennepfeffer und Muskatnuss verfeinern. Mit Salz und Pfeffer abschmecken.

Den Teig 20 Minuten ruhen lassen und anschließend auf einer bemehlten Arbeitsfläche zu einer Rolle formen, in vier Stücke teilen und zu Pattys formen. Diese in Olivenöl bei mittlerer Hitze von beiden Seiten anbraten.

In der Zwischenzeit den Apfel entkernen und in dicke Scheiben schneiden. In der Butter von beiden Seiten anbraten, dann in die gepellte und in feine Scheiben geschnittene Zwiebel dazugeben und kurz mitrösten. Zum Schluss frisch gezupfte Thymianblätter und Honig hinzufügen und mitschwenken.

Den Joghurt mit etwas Limettenabrieb und -saft verrühren und mit Salz, Pfeffer und Cumin abschmecken.

Die Burger-Brötchen auf der Schnittfläche anrösten. Auf den Boden 1 Esslöffel Joghurt verteilen, dann mit Rucola, dem Kürbis-Patty, Apfelscheiben, Zwiebeln, süßem Senf und frischen Kräutern belegen.

Am besten noch heiß servieren.

KÜCHENTIPPS

Würziger wird der Burger mit ein paar Scheiben Bergkäse.

Am besten schmeckt der Kürbis-Burger mit hausgemachten Brötchen (siehe Seite 169) und selbst gerührtem süßen Senf (siehe Seite 164).

Kürbis-Gnocchi

MIT SALBEI UND PARMASCHINKEN

{ 4 Portionen }

KÜRBIS-GNOCCHI
500 g Kürbis

1 Eigelb

50 g Pecorino

150 g Semola-Mehl

Muskatnuss

Salz, Pfeffer

ZUM GARNIEREN
12 Salbeiblätter

4 EL Butter

100 g Pecorino

12 Scheiben Parmaschinken

Zuerst den Kürbis schälen, halbieren und mit einem Esslöffel die Kerne entnehmen. Den Kürbis in walnussgroße Stücke schneiden und im Ofen bei 180 °C Umluft 30 Minuten weich backen. Anschließend gut abkühlen lassen.

Den gebackenen Kürbis mit dem Eigelb, fein geriebenem Pecorino und dem Semola-Mehl zu einem geschmeidigen Teig kneten. Sollte der Teig zu weich oder klebrig sein, noch etwas Semola-Mehl unterkneten. Mit frisch geriebener Muskatnuss, Salz und Pfeffer abschmecken und 10 Minuten ruhen lassen.

Den Gnocchi-Teig auf einer bemehlten Fläche zu gleichmäßigen Rollen formen. Die Rollen in gleich große Stücke schneiden und zu Gnocchi formen.

Die Gnocchi in kochendem Salzwasser garen, bis sie an der Oberfläche schwimmen. Mit einer Schaumkelle abschöpfen, entweder direkt weiterverarbeiten oder mit kaltem Wasser abschrecken.

Zum Servieren die Salbeiblätter und die Butter in einer großen Pfanne aufschäumen lassen, die Gnocchi zugeben und für einige Minuten heiß schwenken.

Zusammen mit geriebenem Pecorino und Parmaschinken servieren.

KÜCHENTIPP
Zu den Gnocchi passen auch geröstete Walnüsse und confierte Tomaten (siehe Seite 171).

Shepherd's Pie

MIT KÜRBIS UND LAMMRAGOUT

{ 4 Portionen }

LAMMFÜLLUNG

750 g Lammfleisch (Keule
oder Schulter)

1 Gemüsezwiebel

3 Knoblauchzehen

2 EL Keimöl

1 Möhre

1 Stange Staudensellerie

1 EL Tomatenmark

1 EL Zucker

200 ml Rotwein

500 ml dunkle Fleischbrühe

400 ml Dosentomaten

1 EL Paprikapulver

1 Prise Cumin

1 Muskatblüte

2 Lorbeerblätter

1 Nelke

je 1 Handvoll Rosmarin und
Thymian

1 Spritzer Worcestershire-
Soße

KÜRBISPÜREE

500 g Kürbis

250 g Kartoffeln,
mehligkochend

125 ml Sahne

100 g Butter

2 Eigelbe

100 g geriebener Parmesan

Salz, Pfeffer, Muskatnuss

Für das Lammragout das Fleisch in walnussgroße Stücke, die Zwiebel, den Knoblauch und das Gemüse in feine Würfel schneiden. Das Lammfleisch in Keimöl scharf anbraten. Die Zwiebel, den Knoblauch und das restliche Gemüse dazugeben und kurz mitrösten. Das Tomatenmark und den Zucker hinzufügen und ebenfalls kurz anrösten.

Mit dem Rotwein ablöschen und mit der Fleischbrühe und den Dosentomaten auffüllen. Die Gewürze zugeben und alles etwa 1 Stunde köcheln lassen, bis das Fleisch zart ist. Zum Schluss die gehackten Kräuter dazugeben und mit Salz, Pfeffer und einem kräftigem Spritzer Worcestershire-Soße abschmecken.

In der Zwischenzeit den Kürbis schälen, halbieren, entkernen und in kleine Stücke schneiden. Die Kartoffeln schälen und zusammen mit dem Kürbis in Salzwasser weich kochen, abgießen und ausdampfen lassen. Mit der Sahne und der Butter zerstampfen, Eigelbe und Parmesan unterrühren und mit Salz, etwas Pfeffer und frisch geriebener Muskatnuss abschmecken.

Anschließend das Lammragout in eine feuerfeste Form geben, das Kürbispüree darauf verteilen und im Ofen etwa 12 Minuten bei 200 °C Umluft goldgelb backen.

KÜCHENTIPPS

Mit Hackfleisch anstatt der Fleischwürfel spart man etwas Kochzeit. Wer kein Lamm mag, kann es auch durch Rind- oder Schweinefleisch ersetzen.

Die Fleischbrühe könnt ihr auch selber machen. Ein Rezept dafür findet ihr auf Seite 163.

Blüten

Das Auge isst mit! Die eine Blüte überrascht mit einer würzigen Schärfe, die andere hat eine milde Frische. Blüten dekorieren allerdings nicht nur Salate und Süßspeisen, sie verleihen ihnen auch einen ganz besonderen Geschmack. Auf den nächsten Seiten findet ihr Anbautipps und Rezepte.

LAVENDEL
Lavandula angustifolia

Standort: sonnig
Wuchsform/-höhe: buschig, 30 bis 60 cm
Kultur: mehrjährig, braucht Winterschutz
Vermehrung: Stecklinge im Sommer
Ernte: Blüte Juni bis August
Pflege: mittlerer Wasserbedarf, geringer Nährstoffbedarf

Die Bienenweidepflanze soll andere Pflanzen vor Blattläusen schützen. Ihr kompakter, buschiger Wuchs lässt sich durch Zurückschneiden erhalten. Vor dem Winter muss der Topf mit Jute oder Noppenfolie eingepackt und die Pflanze mit Reisig oder Laub vor Kälte geschützt werden.

ROSE
Rosa

Standort: sonnig
Wuchsform/-höhe: buschig oder rankend, Topfrosen je nach Sorte ca. 60 cm
Kultur: mehrjährig, braucht Winterschutz
Ernte: Blüte ab Mai und je nach Sorte mit einer Nachblüte ab dem Spätsommer
Pflege: mittlerer Wasserbedarf, hoher Nährstoffbedarf

Die Blüten aller ungespritzten Rosen eignen sich zum Verzehr. Entscheidet man sich z. B. für die Sorte 'Penelope Hobhouse', bietet man Bienen und anderen Insekten durch die ungefüllten Blüten eine gute Nahrungsquelle. Rosen sind Tiefwurzler, daher muss der Topf mindestens 50 cm tief sein.

RINGELBLUME
Calendula officinalis

Standort: sonnig
Wuchsform/-höhe: aufrecht, 40 bis 50 cm
Kultur: einjährig
Vermehrung: Aussaat ab März direkt im Freien
Ernte: Blüte Juli bis September
Pflege: mittlerer Wasserbedarf, geringer Nährstoffbedarf

Ihren Namen hat die Heilpflanze aufgrund ihrer gekrümmten Samen erhalten. Schneidet man die verwelkten Blüten heraus, erhöht man die Blühfreudigkeit der Pflanze. Zum Ende der Saison sollte man einige Blüten zur Saatgutgewinnung stehen lassen.

KAPUZINERKRESSE
Tropaeolum majus

Standort: sonnig bis halbschattig
Wuchsform/-höhe: ausladend, 50 bis 300 cm
Kultur: einjährig
Vermehrung: Aussaat ab Mitte April direkt im Freien
Ernte: Blüte Juni bis September
Pflege: mittlerer Wasserbedarf, mittlerer Nährstoffbedarf

Mit den langen Trieben lassen sich Geländer mit essbaren Blüten und Blättern beranken. Oder man wählt eine zwergwüchsige Sorte *(Tropaeolum minus)*, die weniger ausladend wächst. Die Blütenfarben reichen von Hellgelb bis Rot.

KAMILLE
Matricaria chamomilla

Standort: sonnig
Wuchsform/-höhe: aufrecht, 40 bis 50 cm
Kultur: einjährig
Vermehrung: Aussaat ab April direkt im Freien
Ernte: Blüte Juni bis August
Pflege: geringer Wasserbedarf, geringer Nährstoffbedarf

Die Blüten lassen sich gut trocknen und können im Winter als Erkältungstee aufgebrüht werden. Wer sie nicht selbst anpflanzt, findet sie am Wegesrand oder im Getreidefeld.

BORRETSCH
Borago officinalis

Standort: sonnig
Wuchsform/-höhe: aufrecht, 40 bis 60 cm
Kultur: einjährig
Vermehrung: Aussaat April bis Juni direkt im Freien
Ernte: Blüte Juni bis August
Pflege: hoher Wasserbedarf, mittlerer Nährstoffbedarf

Seltener als die blau blühende Sorte ist die weiß blühende Pflanze (*Borago officinalis* 'Alba'). Die sternförmigen Blüten schmecken nach Gurke und sind wie die jungen Blätter z. B. im Salat essbar. Das Würzkraut ist eine hervorragende Bienenweide, die Insekten Nahrung bietet.

ECHTER EIBISCH
Althaea officinalis

Standort: sonnig
Wuchsform/-höhe: buschig, 50 bis 100 cm
Kultur: mehrjährig, winterhart
Vermehrung: Aussaat ab Februar auf der Fensterbank
Ernte: Blüte Mai bis August
Pflege: mittlerer Wasserbedarf, mittlerer Nährstoffbedarf

Dieses hübsche Malvengewächs treibt im Sommer unzählige essbare Blüten, an denen sich auch die Bienen erfreuen. Eine besondere Note in Salaten geben die jungen Blätter der beliebten Heilpflanze. In Gefäßen mit mindestens 20 Liter Fassungsvermögen fühlen sich die Pflanzen auf dem Balkon am wohlsten.

HOLUNDER
Sambucus nigra

Fundort: schattig, Waldrand
Wuchsform/-höhe: Strauch, etwa 500 cm
Ernte: Mai und September

Die Blüten lassen sich nicht nur zu leckerem Sirup verarbeiten, sondern auch in Teig ausbacken. Die Beeren, die Ende August reif sind, haben einen hohen Vitamingehalt und finden daher auch in Heilmitteln Verwendung. Sie müssen vor dem Verzehr erhitzt werden.

Lavendel-Tarte

MIT APRIKOSEN

{für 1 Tarteform, Ø 26 cm}

BODEN

150 g Mehl, nach Belieben
Vollkorn

50 g Mandelgrieß

100 g Butter

50 g Puderzucker

1 Eigelb

1 Prise Salz

BELAG

200 g Crème fraîche

1 Eigelb

3 EL Honig

1 gehäufter TL Lavendel-
blüten

½ Vanilleschote

600 g Aprikosen

Aprikosenmarmelade

Für den Boden das Mehl, den Mandelgrieß, die Butter, den Puderzucker, das Ei und etwas Salz miteinander zu einem glatten Teig verkneten. Den Teig 30 Minuten kühl stellen.

Anschließend den Teig auf einer mit Mehl bestäubten Fläche ausrollen, in die gefettete Tarteform legen und mehrmals mit einer Gabel einstechen.

Den Backofen auf 160 °C Umluft vorheizen.

Für den Belag die Crème fraîche mit dem Eigelb verrühren, mit dem Honig, den Lavendelblüten und dem Mark der Vanilleschote verfeinern. Die Creme gleichmäßig auf dem Teig verteilen.

Die Aprikosen halbieren und entkernen. Die Hälften auf der Creme verteilen und im vorgeheizten Ofen auf der unteren Schiene etwa 30 Minuten backen.

Zum Schluss etwas Aprikosenmarmelade im Topf bei niedriger Hitze schmelzen lassen und die Tarte damit bestreichen.

Am besten noch lauwarm servieren.

KÜCHENTIPP

Statt der Aprikosen kann man natürlich auch anderes Obst verwenden, wie z. B. Äpfel.

Blütentörtchen

MIT TONKABOHNE

{ ergibt ca. 6 Stück }

TÖRTCHEN

1 Rolle frischer Blätterteig
(aus dem Kühlregal)

250 ml Milch

⅓ Tonkabohne

1 TL Butter

150 g Zucker

1 EL Mehl

1 Prise Salz

3 Eigelbe

AUSSERDEM

etwas Butter zum Ausfetten

Rohrzucker zum Flambieren

Blütenmix, getrocknet oder
frisch geerntet

6 Muffinförmchen

Zu Beginn die Muffinförmchen mit etwas Butter ausfetten. Den Blätterteig in sechs gleich große Quadrate schneiden, in die Förmchen legen und kalt stellen.

Den Backofen auf 220 °C Umluft vorheizen.

Anschließend die Milch mit der fein geriebenen Tonkabohne und der Butter aufkochen. In der Zwischenzeit den Zucker, das Mehl und die Prise Salz miteinander vermischen und in die kochende Milch rühren. Nochmals aufkochen lassen.

Die Eigelbe miteinander verquirlen und die Temperatur angleichen; dazu nach und nach ein Drittel der heißen Flüssigkeit zu dem Eigelb geben und dann unter die übrige Creme rühren.

Die Creme in die Förmchen geben und im Backofen bei 220 °C, Ober-/Unterhitze 10–12 Minuten goldgelb ausbacken.

Die Törtchen etwas abkühlen lassen, stürzen und mit etwas Rohrzucker karamellisieren. Zum Schluss mit reichlich essbaren Blüten bestreuen und lauwarm servieren.

KÜCHENTIPP

Wer keine Tonkabohne hat, kann stattdessen auch eine Vanilleschote verwenden.

Lavendel-Parfait

MIT BEEREN UND HONIG

{ 4 Portionen }

PARFAIT

100 ml Milch

1 TL Lavendelblüten
(ca. 4 Stängel)

½ Vanilleschote

2 Eigelbe

1 Ei

40 g Zucker

1 EL Honig

1 TL Abrieb einer unbe-
handelten Orange

200 ml Sahne

ZUM GARNIEREN

Keksbrösel

Lavendelhonig

Beeren

Minze

Zu Beginn die Milch mit den Lavendelblüten und dem Mark der Vanilleschote auf die Hälfte der Flüssigkeit einkochen. Mindestens 30 Minuten ziehen lassen und anschließend passieren.

Für das Parfait die Eigelbe, das ganze Ei und den Zucker in einer Aufschlagschüssel über einem Wasserbad cremig aufschlagen. Anschließend die warme Creme mit einem Mixer weiterschlagen, bis sie abgekühlt ist. Zum Schluss die Masse mit dem Honig, etwas Orangenabrieb und der aromatisierten Milch verfeinern.

Nun die Sahne steif schlagen und vorsichtig unter die Eimasse heben. In eine Auflaufform oder beliebige Förmchen geben und mindestens 4 Stunden im Eisfach gefrieren lassen.

Das Parfait nach Bedarf portionieren und auf einigen Keksbröseln platzieren, damit es nicht vom Teller rutscht. Mit Lavendelhonig beträufeln und mit Beeren und frischer Minze servieren.

KÜCHENTIPPS

Für ein Wasserbad nur den Boden eines Topfs mit Wasser bedecken und lediglich mit dem Dampf arbeiten. Das Wasser sollte dabei nur leicht simmern.

Auf Seite 164 findet ihr ein Rezept, mit dem ihr den Lavendelhonig selbst herstellen könnt.

Kartoffelsalat

MIT KAPUZINERKRESSE UND SCHMORGURKE

{ 4 Portionen }

KARTOFFELSALAT

750 g kleine Kartoffeln,
festkochend

1 rote Zwiebel

4 EL Keimöl

1 EL Zucker

200 ml Gemüsebrühe

2 EL Weißweinessig

2 EL grober Dijonsenf

Salz, Pfeffer

2 EL Walnussöl

ca. 100 g Kapuzinerkresse

SCHMORGURKE

500 g Gurken

2 EL Olivenöl

1 Prise Zucker

1 Zitrone

150 g Crème fraîche

Salz, Pfeffer

4 Stängel Dill

ZUM GARNIEREN

Kapuzinerkresseblüten

Für den Salat die Kartoffeln in Salzwasser etwa 25 Minuten gar kochen, abgießen und etwas abkühlen lassen. Anschließend vorsichtig pellen.

Die rote Zwiebel pellen und in feine Streifen schneiden. Mit etwas Keimöl glasig dünsten, Zucker zugeben und mit der Gemüsebrühe ablöschen. Dann den Essig sowie den Senf zugeben und mit Salz und Pfeffer kräftig abschmecken.

Die Kartoffeln in Scheiben schneiden und mit dem heißen Dressing übergießen, am besten 1 Stunde ziehen lassen. Zum Schluss mit dem Walnussöl und frisch gezupfter Kapuzinerkresse verfeinern. Nach Belieben mit Salz und Pfeffer nachwürzen.

Die Gurken halbieren, entkernen und in dicke Streifen schneiden. Die Streifen in dem Olivenöl bei mittlerer Hitze anbraten, eine gute Prise Zucker dazugeben und mit dem Saft der Zitrone ablöschen. Die Crème fraîche unterrühren und alles 5 Minuten schmoren lassen. Zum Schluss mit Salz und Pfeffer abschmecken und mit frisch gehacktem Dill verfeinern.

Die Schmorgurke mit dem lauwarmen Kartoffelsalat servieren und mit einigen Kapuzinerkresseblüten dekorieren.

KÜCHENTIPPS

Wer mag, kann den Salat mit frischen Radieschen und gerösteten Nüssen und Kernen noch spannender gestalten.

Die Gemüsebrühe lässt sich auch leicht selber machen. Auf Seite 163 findet ihr das passende Rezept dazu.

Obst

Süße Leckermäuler kommen im Topfgarten ebenfalls auf ihre Kosten: Viele Obstsorten sind durch ihren Wuchs und ihre Eigenschaften bestens für den begrenzten Raum geeignet. In diesem Kapitel geht es um Naschobstsorten für den Balkon und ihre süße und herzhafte Zubereitung.

KIWI
Actinidia

Standort: sonnig bis halbschattig
Wuchsform/-höhe: rankend, 300 bis 500 cm
Kultur: mehrjährig, winterhart
Ernte: je nach Sorte September bis November
Pflege: mittlerer Wasserbedarf, mittlerer Nährstoffbedarf

Trauben-Kiwi, z. B. die Sorte 'Issai', können mit ihrer Schale gegessen werden und sind fantastisches Naschobst, das das Geländer berankt. Die Sorte 'Issai' ist selbstfruchtend, d. h., man braucht nicht wie bei anderen Sorten männliche und weibliche Pflanzen, um Früchte ernten zu können.

APFEL
Malus

Standort: sonnig bis halbschattig
Wuchsform/-höhe: aufrecht, im Kübel ca. 120 cm
Kultur: mehrjährig, winterhart
Ernte: August bis Oktober
Pflege: mittlerer Wasserbedarf, mittlerer Nährstoffbedarf

Für den Balkon eignen sich schmal wachsende Sorten, sogenannte „Säulenäpfel". Bei dieser Wuchsform ist in den ersten Jahren kein Rückschnitt erforderlich. Im Winter sollte der Topf mit einem Vlies umwickelt werden, damit die Pflanze den Winter unbeschadet übersteht.

ANDENBEERE
Physalis peruviana

Standort: sonnig
Wuchsform/-höhe: buschig, 50 bis 100 cm
Kultur: ein- oder mehrjährig (je nach Kultur), nicht winterhart
Vermehrung: Stecklinge im Herbst, Aussaat ab Februar auf der Fensterbank
Ernte: August bis September
Pflege: mittlerer Wasserbedarf, mittlerer Nährstoffbedarf

Die vitaminreichen Beeren reifen in lampionförmigen Kelchblättern heran. Vor dem ersten Frost müssen mehrjährige Sorten ins Haus geholt werden. Die Früchte wachsen auch hier weiter, bis sie reif für die Ernte sind. Stecklinge müssen ebenfalls frostfrei überwintert werden.

ERDBEERE
Fragaria

Standort: sonnig
Wuchsform/-höhe: buschig
Kultur: mehrjährig, winterhart
Vermehrung: über Ausläufer im Juli
Ernte: im Frühsommer, Monatserdbeeren von Juni bis zum Herbst
Pflege: mittlerer Wasserbedarf, mittlerer Nährstoffbedarf

Monatserdbeeren tragen kleine, aromatische Früchte und sind gut für den Anbau auf dem Naschbalkon geeignet. Sie bilden anders als Gartenerdbeeren keine Ausläufer, sondern werden über Aussaat vermehrt.

JOHANNISBEERE
Ribes

Standort: sonnig bis halbschattig
Wuchsform/-höhe: buschig, 150 cm
Kultur: mehrjährig, winterhart
Vermehrung: über Steckhölzer im Spätherbst
Ernte: Juni/Juli
Pflege: mittlerer Wasserbedarf, mittlerer Nährstoffbedarf

Für das Kultivieren in Töpfen eignen sich Hochstamm- oder Säulenformen. Sonne sorgt für eine gewisse Süße der Früchte; je weniger Sonne die Pflanze bekommt, desto saurer sind ihre Früchte.

HIMBEERE
Rubus idaeus

Standort: sonnig
Wuchsform/-höhe: aufrecht, 100 bis 200 cm
Kultur: mehrjährig, winterhart
Vermehrung: über Ausläufer im Frühjahr
Ernte: Juli bis September
Pflege: hoher Wasserbedarf, mittlerer Nährstoffbedarf

Sehr aromatische Früchte tragen Herbsthimbeeren, da ihre Früchte über den Sommer viel Sonne bekommen. Der Rückschnitt der Ruten erfolgt nach der Ernte Ende November auf Bodenhöhe.

KORNELKIRSCHE
Cornus mas

Fundort: sonnig, Wegesrand
Wuchsform/-höhe: Strauch, etwa 500 cm
Ernte: Juli bis Oktober

Mit der frühen Blüte zwischen Februar und März ist der Strauch für Bienen eine der ersten Nahrungsquellen. Von der Form sind die roten, süßsauren Früchte Kirschen sehr ähnlich, botanisch gehören sie aber nicht zur selben Gattung.

BROMBEERE
Rubus fruticosus

Fundort: sonnig bis halbschattig, Waldrand
Wuchsform/-höhe: Strauch, 100 bis 150 cm
Ernte: August bis Oktober

Streng genommen sind es keine Beeren, sondern Sammelsteinfrüchte. Denn die Frucht setzt sich aus kleinen Einzelfrüchten mit eigenem Kern zusammen. Da die Früchte nicht nachreifen, sollten nur die dunklen geerntet werden.

Popsicles

MIT BEEREN UND KRÄUTERN

{ ergibt ca. 8 Popsicles }

POPSICLES MIT BEEREN

75 g Zucker

200 ml Wasser

70 g Glukosesirup

1 Prise Salz

500 g Beeren
(z. B. Himbeeren, Erdbeeren)

1 unbehandelte Zitrone

**POPSICLES MIT RUM
UND MINZE**

70 g Zucker

125 ml Wasser

1 Prise Salz

2 EL Minze

1 TL Abrieb einer un-
behandelten Limette

75 ml Limettensaft

8 cl Rum

POPSICLES MIT BEEREN

Den Zucker mit dem Wasser, dem Glukosesirup und der Prise Salz aufkochen und etwas abkühlen lassen.

Anschließend mit den Beeren pürieren und mit etwas Zitronenabrieb und -saft verfeinern. Die Masse durch ein feines Sieb abgießen, in Eisförmchen füllen und mindestens 2 Stunden einfrieren.

POPSICLES MIT RUM UND MINZE

Zu Beginn den Zucker mit dem Wasser und der Prise Salz aufkochen und vom Herd nehmen. Die Minze grob hacken, zusammen mit dem Limettenabrieb und dem -saft zu dem Zuckersirup geben. 15 Minuten ziehen lassen und die Minze heraussieben.

Mit dem Rum abschmecken und in Förmchen füllen. Wer mag, kann ein paar Blätter Minze und Limettenscheiben zugeben. Anschließend mindestens 2 Stunden einfrieren.

KÜCHENTIPP

Die Zutaten für die Popsicles können nach Belieben variiert werden. Probiert verschiedene Beeren, Milchprodukte wie Joghurt oder diverse Schnäpse.

Beeren-Mousse

MIT SCHOKOLADEN-CRUMBLE

{ 4 Portionen }

BEEREN-MOUSSE

250 g Beeren (z. B. Erdbeeren, Himbeeren)

1 Limette

50 g Puderzucker

3 Blatt Gelatine

3 Eigelbe

80 g Zucker

1 Vanilleschote

4 cl Orangenlikör

200 ml Sahne

SCHOKOLADEN-CRUMBLE

40 g Haselnusskerne

50 g Vollkornmehl

10 g Chiasamen

30 g Butter

1 EL Kakaopulver

1 EL Zuckerrübensirup

1 Prise Zimt

1 Prise Meersalz

ZUM GARNIEREN

Crème fraîche

Beeren

Minze

Für die Mousse die Beeren mit dem Limettensaft und dem Puderzucker pürieren und durch ein Sieb streichen. Die Gelatine in kaltem Wasser einweichen.

Die Eigelbe mit dem Zucker und dem Mark der Vanilleschote in eine Aufschlagschüssel geben und über einem Wasserbad cremig aufschlagen.

Die Gelatine ausdrücken und mit dem Orangenlikör erhitzen, bis sich die Gelatine aufgelöst hat; zu der Eimasse geben.

Zum Schluss das Fruchtpüree unterrühren, etwas abkühlen lassen und geschlagene Sahne unterheben. Die Mousse mindestens 2 Stunden kalt stellen.

Den Ofen aud 180 °C Umluft vorheizen.

Für den Schokoladen-Crumble die Nüsse fein hacken und mit den restlichen Zutaten zu Bröseln verkneten. 10–15 Minuten lang im Backofen knusprig backen, abkühlen lassen und nach Bedarf noch kleiner bröseln.

Die Beeren-Mousse auf dem Schokoladen-Crumble anrichten, mit einem Klecks Crème fraîche, ein paar Beeren und frischer Minze servieren.

KÜCHENTIPPS

Die Mousse lässt sich mit fast jeder Frucht zubereiten, wie z. B. mit Mango.

Empfehlenswert ist auch eine Kürbis-Mousse; dafür anstatt der Beeren einfach 200 g Kürbispüree einarbeiten.

Cheesecake

MIT SCHOKOLADE UND WHISKEY-BROMBEEREN

{für 1 Springform, Ø 18 cm}

BODEN
150 g Butter- oder Kakaokekse

80 g Butter

1 Prise Salz

FÜLLUNG
350 g Frischkäse

60 g Rohrzucker

2 EL Kakaopulver

2 Eier

70 ml Sahne

1 TL Instant-Espresso

4 cl Whiskey

100 g Zartbitterschokolade

FROSTING
50 ml Sahne

1 TL Instant Espresso

1 EL Kakaopulver

150 g Zartbitterschokolade

75 g Butter

150 g Puderzucker

WHISKEY-BROMBEEREN
50 ml Whiskey

50 g Puderzucker

1 Tonkabohne

250 g Brombeeren

1 TL Guarkernmehl

Für den Boden die Kekse zerbröseln und mit der flüssigen Butter und der Prise Salz verrühren. Eine Springform mit etwas Butter ausfetten und die Teigbrösel am Boden der Form gut andrücken. 30 Minuten kühl stellen.

Für die Füllung den Frischkäse zusammen mit dem Rohrzucker und dem Kakaopulver cremig aufschlagen und nach und nach die Eier zugeben. Die Sahne im Topf erwärmen, den Instant-Espresso und den Whiskey zugeben und gut verrühren. Die Schokolade fein hacken, in der Sahne schmelzen und vorsichtig zu dem Frischkäse geben. Gut miteinander vermengen.

Den Backofen auf 160 °C Umluft vorheizen.

Die Füllung auf den Boden gießen und auf dem Rost auf der untersten Schiene 15 Minuten backen. Anschließend auf 120 °C zurückschalten und weitere 40 Minuten backen. Den Cheesecake bei Zimmertemperatur abkühlen lassen.

Für das Frosting die Sahne mit dem Instant-Espresso und dem Kakaopulver erwärmen. Die Schokolade klein hacken und zusammen mit der Butter in der Sahne schmelzen lassen. Die Masse mit dem Mixer cremig aufschlagen; dabei nach und nach den Puderzucker zugeben. Dann den Cheesecake rundherum mit dem Frosting bestreichen.

Für die Whiskey-Brombeeren den Whiskey mit dem Puderzucker sowie etwas Abrieb von der Tonkabohne verrühren. Zusammen mit 100 g Brombeeren pürieren. Das Püree mit dem Guarkernmehl binden und mit den restlichen Brombeeren verrühren, gut durchziehen lassen.

Den Cheesecake mit den restlichen Brombeeren und ein paar Blättern frischer Minze servieren.

KÜCHENTIPP ☞

Wer lieber auf Alkohol verzichten möchte, kann diesen einfach weglassen oder durch Apfelsaft ersetzen.

Süße Schupfnudeln

MIT BUTTERSCOTCH-ÄPFELN UND MOHN

{ 4 Portionen }

SCHUPFNUDELN

350 g Kartoffeln,
mehligkochend

200 g Mehl

1 Eigelb

40 g Zucker

1 Prise Salz

BUTTERSCOTCH-ÄPFEL

60 g Butter

100 g Rohrzucker

½ Vanilleschote

115 ml Sahne

3 Äpfel

1 gestrichener TL Meersalz

ZUM GARNIEREN

75 g Butter

2 EL Blaumohn

2 cl Orangenlikör

Minze

Für die Schupfnudeln die Kartoffeln in Salzwasser etwa 25 Minuten weich kochen, ausdampfen lassen und pellen. Abkühlen lassen und durch die Presse drücken. Mit den restlichen Zutaten zu einem Teig verkneten und 15 Minuten ruhen lassen.

Den Teig zu mehreren Rollen formen, kleine gleich große Stücke schneiden und mit bemehlten Händen zu Nudeln schupfen. Diese in reichlich Salzwasser etwa 5 Minuten kochen; sobald sie an der Oberfläche schwimmen, sind sie fertig. Mit der Schaumkelle herausnehmen und zwischenlagern.

Für die Butterscotch-Äpfel die Butter im Topf aufschäumen, dann den Rohrzucker sowie das Mark der Vanilleschote zugeben und mit der Sahne auffüllen. Alles unter ständigem Rühren 5–8 Minuten sirupartig einkochen lassen.

Die Äpfel vierteln, entkernen und in feine Spalten schneiden. Zu dem Karamellsirup zugeben und weitere 5 Minuten köcheln. Zum Schluss mit dem Meersalz verfeinern.

Zum Servieren die Butter in einer Pfanne aufschäumen lassen, den Mohn und die Schupfnudeln zugeben. 5 Minuten leicht bräunen und mit dem Orangenlikör ablöschen. Zusammen mit den Butterscotch-Äpfeln und frischen Minzblättern servieren.

KÜCHENTIPPS

Kartoffeln vom Vortag lassen sich besser verarbeiten.

Anstatt des Blaumohns passen auch Mandelsplitter sehr gut zu den Schupfnudeln.

Würziger Physalis-Senf

ZUM KÄSE

{ 4 Portionen }

200 g Physalis
100 g Gelierzucker 2:1
2 cl Orangenlikör
1 TL Senfpulver
1 Orange
2 cl Weißweinessig
10 g Honig
1 EL grober Dijonsenf
½ TL Ingwerabrieb
Käse nach Belieben

Die Physalis halbieren und zusammen mit dem Gelierzucker, dem Orangenlikör, dem Senfpulver und dem Saft der Orange unter ständigem Rühren aufkochen. Anschließend 5 Minuten sprudelnd weiterkochen.

Den Topf vom Herd nehmen und den Weißweinessig, den Honig sowie den Dijonsenf unterrühren. Zum Schluss mit etwas frischem Ingwerabrieb abschmecken und abkühlen lassen.

Den Käse rechtzeitig auf Zimmertemperatur temperieren lassen und mit dem Physalis-Senf genießen.

KÜCHENTIPPS

Der Senf entfaltet sein volles Aroma erst nach einigen Tagen.

Dazu passt würziger, kräftiger Käses wie Morbier, Mimolette, Brie de Meaux oder Munster.

Grundrezepte

Im Alltag soll die Zubereitung der Mahlzeiten oft schnell gehen, sodass man zu Pasta aus dem Supermarkt oder Brot vom Bäcker greift. Wenn aber am Wochenende oder im Urlaub mehr Zeit zum Kochen bleibt, lässt sich vieles wunderbar selbst herstellen. Dieses Kapitel hält einige Grundrezepte bereit, mit denen Pastateig, Brühen, Soßen & Co. ganz einfach hausgemacht werden!

Brühen

FÜR SUPPEN UND SOSSEN

HELLE FLEISCHBRÜHE {ergibt ca. 2 Liter}

1 kg Kalbsknochen • 1 EL Salz • Zucker • 2 Zwiebeln • 1 Möhre • 1 Petersilienwurzel • ½ Stange Lauch • ¼ Knollensellerie • 4 Champignons • 2 Knoblauchzehen • 2 Lorbeerblätter • 3 Gewürznelken • 2 Pimentkörner • 5 Pfefferkörner • 1 kleines Bund Kräuter (Petersilie, Liebstöckel, Thymian)

Die Kalbsknochen im Backofen bei 180 °C etwa 45 Minuten goldbraun rösten. Anschließend den Bratensatz vom Blech lösen und mit den Knochen in einen großen Topf umfüllen. Mit 2,5 Liter kaltem Wasser auffüllen, aufkochen und mit dem Salz und einer Prise Zucker würzen. Den entstehenden Schaum und das Fett abschöpfen. Die Zwiebel mit der Schale halbieren und die Schnittflächen in einer Pfanne goldgelb anrösten. Das Gemüse waschen und grob schneiden. Zusammen mit den Zwiebeln und dem Knoblauch zu den Knochen geben und bei kleiner Hitze 2 Stunden ziehen lassen. Nach 90 Minuten Garzeit die Kräuter und Gewürze zugeben. Am Ende der Ziehzeit die Brühe durch ein feines Sieb abgießen.

DUNKLE FLEISCHBRÜHE {ergibt ca. 2 Liter }

1,5 kg Kalbsknochen • 2 Zwiebeln • 2 Knoblauchzehen • 1 Möhre • 1 Petersilienwurzel • ½ Stange Lauch • ¼ Knollensellerie • 4 Champignons • 4 EL Keimöl • 1 EL Tomatenmark • 500 ml Rotwein • 1 EL Salz • Zucker • 2 Lorbeerblätter • 3 Gewürznelken • 2 Pimentkörner • 5 Pfefferkörner • 1 kleines Bund Kräuter (Petersilie, Liebstöckel, Thymian, Rosmarin)

Die Kalbsknochen im Ofen bei 180 °C etwa 45 Minuten goldbraun rösten. In der Zwischenzeit die Zwiebeln und das Gemüse in walnussgroße Stücke schneiden und bei mittlerer Hitze in einem großen Topf im Keimöl anrösten. Anschließend die Knochen mit dem Bratensatz zugeben, mit dem Tomatenmark verrühren und kurz mitrösten. Dann mit der Hälfte des Rotweins ablöschen und den Bratensatz vom Boden lösen. Diesen Vorgang mit dem restlichen Rotwein wiederholen. Mit 2,5 Liter kaltem Wasser auffüllen, aufkochen und mit dem Salz und einer Prise Zucker würzen. Den entstehenden Schaum und das Fett abschöpfen. Bei kleiner Hitze 2 Stunden ziehen lassen.

Nach 90 Minuten Garzeit die Kräuter und Gewürze zugeben. Anschließend die Brühe durch ein feines Sieb abgießen.

FISCHBRÜHE {ergibt ca. 2 Liter}

1 kg Fischkarkassen und Fischabschnitte • 2 Zwiebeln • ½ Stange Lauch • 1 Knolle Fenchel • ¼ Knollensellerie • 4 Champignons • 2 EL Olivenöl • 200 ml trockener Weißwein • 1 EL Salz • Zucker • 1 Lorbeerblatt • 2 Zweige Thymian • 3 Zweige Dill • 3 Gewürznelken • 1 Knoblauchzehe • 2 Pimentkörner • 5 Pfefferkörner

Fischkarkassen und -abschnitte unter fließendem Wasser abspülen. Das Gemüse putzen, waschen und in walnussgroße Stücke schneiden. Die Zwiebeln pellen, klein schneiden und mit dem Gemüse in einem großen Topf mit dem Olivenöl farblos dünsten. Mit dem Weißwein ablöschen und mit 2 Liter kaltem Wasser auffüllen. Karkassen, Salz und eine Prise Zucker zugeben und bei kleiner Hitze aufkochen lassen. Den entstehenden Schaum abschöpfen. Anschließend die Gewürze und die Kräuter zugeben. 30 Minuten bei kleiner Hitze ziehen lassen, wiederholt den Schaum und das Fett von der Oberfläche abschöpfen. Die fertige Brühe durch ein Mulltuch passieren.

GEMÜSEBRÜHE {ergibt ca. 2 Liter}

3 Zwiebeln • 2 Möhren • 2 Petersilienwurzeln • 1 Stange Lauch • ¼ Knollensellerie • 4 Champignons • 2 Knoblauchzehen • 2 Lorbeerblätter • 1 TL Pfeffer • 2 Nelken • 1 Sternanis • 1 TL Wacholderbeeren • 1 kleines Bund Kräuter (Petersilie, Liebstöckel, Thymian) • 1 EL Salz • Zucker

Die Zwiebeln ungepellt halbieren und die Schnittflächen in einer Pfanne goldgelb anrösten. Das Gemüse gründlich waschen, nicht pellen oder schälen und in walnussgroße Stücke schneiden. Zusammen mit den restlichen Zutaten und 2 Litern kaltem Wasser sowie den Gewürzen und den Kräutern samt Stielen aufsetzen. Mit dem Salz und der Prise Zucker würzen und aufkochen. 30 Minuten bei kleiner Hitze ziehen lassen. Anschließend die Brühe durch ein feines Sieb seihen.

◀ In Gläser „eingemacht", sind Brühen einige Monate lang haltbar. Am besten die Gläser mit dem Abfülldatum beschriften.

Soßen

HERZHAFT ODER SÜSS

SÜSSER SENF { ergibt ca. 700 ml}
130 g weiße Senfsamen • 50 g braune Senfsamen • 150 ml Wasser • 200 ml Weißweinessig • ½ TL Salz • 100 g brauner Zucker • 75 g Honig • 1 Prise gemahlene Nelke

Die weißen und braunen Senfkörner gut mörsern. Das Wasser mit dem Essig, Salz und Zucker aufkochen, den Honig und die Nelke zugeben und alles mit den Senfkörnern gut vermischen. Im Mixer so lange rühren, bis die Masse zähflüssig wird. In Gläser abfüllen und etwa ein bis zwei Wochen ziehen lassen.

CHAMPAGNER-SENF-SOSSE { ergibt ca. 400 ml}
2 Schalotten • 1 EL Olivenöl • 1 Prise Zucker • 50 ml weißer Portwein • 150 ml Champagner • 500 ml Fischbrühe • 200 ml Sahne • 1 EL grober Dijonsenf • Salz • Pfeffer

Die Schalotten pellen, fein würfeln und in dem Olivenöl mit einer Prise Zucker glasig dünsten. Mit dem Portwein sowie dem Champagner ablöschen und mit der Fischbrühe auffüllen. Auf die Hälfte reduzieren lassen. Anschließend die Sahne zugeben und nochmals reduzieren lassen, bis sich eine cremige Konsistenz ergibt. Zum Schluss die Soße pürieren, den Senf unterrühren und mit Salz und Pfeffer abschmecken. Vor dem Servieren nochmals mit einem Schuss Champagner verfeinern.

LAVENDELHONIG { ergibt 500 g}
500 g flüssiger Honig • 1 gehäufter EL Lavendelblüten

Den Honig in einem lauwarmen Wasserbad erwärmen und die Blüten zugeben. Dabei darauf achten, den Honig nicht zu stark zu erhitzen. Temperaturen über 40 °C sollten vermieden werden. Anschließend den Blütenhonig einige Tage ziehen lassen. Kühle Temperaturen oder eine längere Lagerung kann dazu führen, dass Honig kristallisiert.

VANILLESOSSE { ergibt ca. 500 ml}
1 Vanilleschote • 300 ml Milch • 100 ml Sahne • 4 Eigelbe • 2–3 EL Zucker • 1 Prise Salz

Das Mark der Vanilleschote und die Schote selbst mit der Milch und der Sahne im Topf aufkochen. Die Eigelbe mit dem Zucker sowie dem Salz schaumig schlagen. Die heiße Milch-Sahne-Mischung vorsichtig unterrühren. Die Soße unter ständigem Rühren auf kleiner Flamme erhitzen, bis diese bindet und eine cremige Konsistenz erreicht hat (etwa 80 °C); die Soße darf nicht kochen. Durch ein feines Sieb abgießen und abkühlen lassen. Wer es cremiger mag, kann einen Teil der Sahne aufschlagen und nach dem Abkühlen unter die fertige Vanillesoße heben.

Last minute: Die Champagner-Senf-Soße kurz vorm Servieren mit dem Pürierstab aufschäumen. ▶

Formt man die Hand beim Schneiden zu einer „Kralle", schneidet man sich nicht
so leicht in den Finger.

Frische Kräuter, Kresse oder Blüten verleihen dem Essen ein besonderes Aroma.

Wer einen Tennisarm vermeiden will, sollte zum Herstellen der Butter eine
Küchenmaschine nutzen.

Butter

ZUM BROT UND BRATEN

HAUSGEMACHTE BUTTER {ergibt ca. 250 g}
1 l zimmerwarme Sahne

Die zimmerwarme Sahne mit einem Mixer so lange schlagen,
bis sich feste Klümpchen bilden und sich die Buttermilch vom
Fett trennt. Die Buttermilch abgießen und die Butter in einem
feinen Mulltuch abhängen. Die Butter luftig aufgeschlagen direkt servieren oder mithilfe von Backpapier zu Rollen formen
und im Kühlschrank fest werden lassen. Gefroren ist die Butter
etwa sechs Monate haltbar.

BUTTERSCHMALZ {ergibt ca. 400 g}
500 g Butter

Die Butter bei mittlerer Hitze in einem Topf erhitzen, bis sie etwas aufwallt. Dabei den entstehenden Schaum immer wieder
abschöpfen. Wichtig ist, dass sich das absetzende Eiweiß nicht
bräunt. Wenn die Butter klar ist und nicht mehr brodelt, diese
von der Herdplatte nehmen und durch ein feines Mulltuch abgießen. Durch etwas mehr Hitze karamellisiert das Eiweiß der
Butter und es entsteht eine Nussbutter.

Teigwaren

WEICH ODER KNUSPRIG

HAMBURGERBRÖTCHEN {ergibt 8 Brötchen}

TEIG: 1 Würfel Hefe • 200 ml lauwarme Milch • 50 g Butter • 1 Ei • 450 g Vollkornmehl • 50 g Zucker • 1 EL Salz • **TOPPING:** Butter oder 1 Eiweiß und 2 EL Wasser • Sesamsaat • Leinsaat

Die Hefe in der lauwarmen Milch auflösen und zusammen mit den restlichen Zutaten zu einem glatten Teig kneten. Anschließend den Teig abgedeckt gehen lassen, bis er sein Volumen verdoppelt hat. Den Teig in acht gleichmäßige Portionen teilen und zu Bällen formen, auf ein gefettetes Blech setzen und nochmals abgedeckt 30–45 Minuten gehen lassen. Den Backofen auf 180 °C Umluft vorheizen. Die Brötchen nach Belieben nur mit Butter bestreichen oder mit einem Eiweiß-Wasser-Gemisch und mit Sesam- sowie Leinsaat bestreuen. Im vorgeheizten Ofen auf mittlerer Schiene 15–20 Minuten goldgelb backen und dann abkühlen lassen.

GRAUBROT-CROÛTONS {4 Portionen}

200 g Graubrot • 1 Handvoll Kräuter (Petersilie, Schnittlauch, Liebstöckel) • 2 EL Butter • Salz • Pfeffer

Das Brot in kleine Würfel schneiden und die Kräuter fein hacken. Die Brotwürfel in schäumender Butter goldgelb braten. Zum Schluss mit den Kräutern verfeinern und mit etwas Salz und Pfeffer abschmecken. Für größere Mengen kann das Brot auch im Ofen zubereitet werden. Dazu die Würfel mit Butter bei 180 °C etwa 10 Minuten knusprig rösten. Mit Kräutern, Salz und Pfeffer abschmecken.

BLÄTTERTEIGSTANGEN {ergibt ca. 20 Stück}

100 g Bacon • 2 EL geriebener Parmesan • 1 EL gehackte Petersilie • Pfeffer • Chiliflocken • 1 Rolle frischer Blätterteig (aus dem Kühlregal) • 1 Eigelb

Den Speck knusprig braten, das Fett abtupfen und auskühlen lassen. Den Speck klein mörsern und mit dem Parmesan, der Petersilie, etwas Pfeffer und Chiliflocken vermischen. Den Blätterteig ausrollen, mit einer Gabel einstechen und mit Eigelb bestreichen. Mit der Speck-Käse-Masse bestreuen und in fingerdicke Streifen schneiden. Den Ofen auf 200 °C Umluft vorheizen und die Stangen etwa 10–12 Minuten goldgelb backen.

FOCACCIA MIT OLIVEN {ergibt 1 Fladen}

TEIG: 500 g Mehl • 250 ml lauwarmes Wasser • ½ Würfel Hefe • 1 Ei • 1 EL Olivenöl • 1 EL Salz • 1 TL Zucker • **TOPPING:** 1 Handvoll Oliven • 2 Zweige Rosmarin • Olivenöl

Für die Focaccia alle Zutaten gut miteinander verkneten und den Teig 30 Minuten gehen lassen. Anschließend auf ein gefettetes Blech geben und zu einem Fladen formen. Weitere 10 Minuten gehen lassen. Den Backofen auf 210 °C Ober-/Unterhitze vorheizen. Vor dem Backen den Teigfladen mit dem Finger mehrfach eindrücken, mit Oliven sowie Rosmarinnadeln bestreuen und mit ein wenig Olivenöl beträufeln. Im Ofen auf mittlerer Schiene etwa 20–25 Minuten goldgelb backen.

DINKEL-BUTTERMILCH-BROT {ergibt 1 Brotlaib}

TEIG: ½ Würfel Hefe • 350 ml Buttermilch • 300 g Dinkelmehl • 150 g dunkles Weizenmehl • 1 TL Salz • 1 TL Zucker • 2 EL Dinkelkörner • **TOPPING:** Leinsaat • Sonnenblumenkerne • Dinkelkörner

Die Hefe in der lauwarmen Buttermilch auflösen und zusammen mit den restlichen Zutaten zu einem glatten Teig kneten. Den Teig abgedeckt 30 Minuten gehen lassen. Anschließend den Teig gut durchkneten, zu einem Laib formen und auf ein gefettetes Blech setzen. Nochmals abgedeckt 30–45 Minuten gehen lassen. Den Backofen auf 190 °C vorheizen. Den Laib vor dem Backen mit Wasser bestreichen und mit etwas Leinsaat, Sonnenblumenkernen und Dinkelkörnern bestreuen. Im vorgeheizten Ofen etwa 30 Minuten backen und im Anschluss abkühlen lassen.

Beilagen

ZU FLEISCH UND GEMÜSE

PASTATEIG {4 Portionen}

200 g Semola-Mehl (oder Mehl Type 405) • 2 Eier • 2 EL Olivenöl •
2 EL Wasser

Für den Teig das Mehl mit den Eiern, Olivenöl und Wasser zu
einem glatten, geschmeidigen Teig verkneten. Den Nudelteig in
Frischhaltefolie einschlagen und mindestens 20 Minuten im
Kühlschrank ruhen lassen. Mit dem Nudelholz oder der Walze
einer Nudelmaschine auf die gewünschte Dicke bringen. Zu
Bandnudeln schneiden. Immer mit viel Mehl arbeiten, um ein
Zusammenkleben zu vermeiden.

ROSMARINKARTOFFELN {4 Portionen}

1 kg kleine Kartoffeln, z. B. Drillinge • 6 Zweige Rosmarin • 2–4 Knoblauchzehen • Olivenöl • Salz • Pfeffer

Die Kartoffeln waschen, halbieren und mit viel Olivenöl und etwas Salz marinieren. Im vorgeheizten Backofen bei 160 °C
Ober-/Unterhitze etwa 35–40 Minuten vorbacken. Anschließend etwas Knoblauch pellen und andrücken. Zusammen mit
den Rosmarinnadeln unter den Kartoffeln vermischen. Etwas
pfeffern und weitere 5–10 Minuten backen, bis die Kartoffeln
gar sind. Vor dem Servieren mit Salz und Pfeffer abschmecken.

CONFIERTE TOMATEN {4 Portionen}

250 g Kirschtomaten • 2 EL Rotweinessig • 6 EL Olivenöl • 1 Knoblauchzehe • 4 Zweige Thymian • 1 EL grobes Meersalz • Zucker

Die Kirschtomaten mit dem Rotweinessig und dem Olivenöl
marinieren. Den Knoblauch pellen, in Scheiben schneiden und
mit dem Thymianzweigen zu den Tomaten geben. Mit Salz sowie ein paar Prisen Zucker bestreuen und etwa 90 Minuten bei
80 °C im Backofen ziehen lassen.

STETS GRIFFBEREIT ...

Vielversprechende Küchenhelfer für beinahe jede
erdenkliche Arbeit sollen das Leben in der Küche
erleichtern. Eine einfache Grundausstattung reicht
jedoch aus, um die meisten anfallenden Aufgaben
im Alltag zu bewältigen.

Habt stets ein großes Küchenmesser und ein
Tourniermesser parat liegen; sie sind fast immer
ausreichend. Auch ein Ausbeinmesser für Fleisch
und ein Filetiermesser für Fisch dürfen nicht fehlen. Regelmäßiges Schleifen nicht vergessen!

Stets griffbereit sollte ein Sparschäler sein: Vorbei
sind die Zeiten, in denen mehr Kartoffel mit Schale
im Müll landete als im Kochtopf.

Unverzichtbar sind eine Winkelpalette sowie diverse Zangen. Hiermit wendet man alles in der Pfanne
und auf dem Grill oder platziert mit höchster Präzi-
sion die feinsten Kräuter und Blüten an ihrem Platz.
Wer gerne Fisch isst, sollte eine Grätenzange besitzen; eine Spitzzange tut es im Notfall aber auch.

Limettenschale, Muskatnuss oder Parmesan sind
mit einer Zestenreibe im Nu fein gerieben. Aus-
stechringe bringen Teig oder Gemüse in Form und
erleichtern euch das Anrichten.

Mit einem Pürierstab und einem Mixer in petto
lässt sich beinahe jede Herausforderung meistern.

◄ Nach einmaligem Gebrauch landen viele Geräte oft in den Katakomben der
Küchenschränke. Hier seht ihr die wirklich praktischen Helfer.

Register

NADJA BUCHCZIK
Autorin und Fotografin

Seit dem Abschluss ihres Fotografiestudiums an der Fachhochschule Bielefeld arbeitet Nadja Buchczik als freie Fotodesignerin. Mit Hingabe fotografiert sie Geschichten, die Magazine und Buchpublikationen verschiedener Sparten illustrieren. Ob Editorial, Porträt oder Food, ihre Bilder überzeugen durch eine natürliche, gefühlvolle und frische Optik. Auf ihrem Küchenbalkon sät und erntet die leidenschaftliche Freizeitgärtnerin vieles, was direkt auf den Tisch kommt. Aromatische Kräuter, süße Himbeeren und junge Zucchini lassen ihr Gärtner- und Genießerherz höherschlagen.

www.nadjabuchczik.de

ANTON ENNS
Autor, Koch und Foodstylist

Die Leidenschaft zu gutem Essen machte Anton Enns sich zum Beruf. Seit seiner mit Auszeichnung abgeschlossenen Ausbildung zum Koch machte er Station in verschiedenen prämierten Restaurants, wo er die Vielseitigkeit der unterschiedlichsten Küchen schätzen lernte.
Seine Erfahrung, Inspiration und Kreativität bringt er nun als Foodstylist in die Arbeit für Verlage, Agenturen und Unternehmen ein. Bei exklusiven Kochevents seiner Gaumenwerkstatt gibt er sein Wissen gerne weiter und überzeugt seine Gäste mit neuen, leckeren Kreationen.

www.gaumenwerkstatt.de

Danke

Von dem Sämling einer Idee bis zum Genuss eines gedruckten Buchs ist es ein erlebnisreicher Weg. Viele Menschen kommen dafür zusammen. Einigen von ihnen möchten wir an dieser Stelle ganz besonders danken.

Ein großes Dankeschön geht an alle **Genießer**, die sich bereit erklärt haben, die Kreationen für dieses Buch zu verkosten. Ebensolcher Dank gilt den **Gärtnern**, die uns die Türen zu ihrem Stück Grün geöffnet haben.

Für das Sammeln von zahlreichen Dosen, in denen Kohlrabi und Salat ein Zuhause gefunden haben, bedanken wir uns herzlich bei **Tim**. **Olaf** und **Jörn** sagen wir danke für die schönen Leihgaben, die unseren Fundus wunderbar ergänzt haben.

Besonderer Dank gilt **Stefanie Syren**, die mit ihrem fachlichen Rat und guten Ideen die Entstehung dieses Buchs begleitet hat. Danke für die fröhliche, erfrischende Zusammenarbeit.

Ein ganz herzliches Dankeschön geht an **Laura Kappen** für die schönen Bilder aller Situationen, in denen Nadja vor, nicht wie gewohnt hinter, der Kamera gestanden hat.

Im **EMF-Team** geht unser großer Dank an **Annika Christof** für das Vertrauen in unsere Arbeit, ihre zuverlässige Unterstützung und große Begeisterung für dieses Projekt! **Verena Raith** sagen wir danke für die klare, schöne Gestaltung unserer Wörter und Bilder. Vielen Dank auch an **Mareike Kreß** und **Jean-Michel Fischer**, die dieses Buch ermöglicht haben.